STRESS

MODUS VIVENDI

IMPORTANT

Ce livre ne vise pas à remplacer les conseils médicaux personnalisés, mais plutôt à les compléter et à aider les patients à mieux comprendre leur problème.

Avant d'entreprendre toute forme de traitement, vous devriez toujours consulter votre médecin.

Il est également important de souligner que la médecine évolue rapidement et que certains des renseignements sur les médicaments et les traitements contenus dans ce livre pourraient rapidement devenir dépassés.

© 2005 Family Doctor Publications, pour l'édition originale.
© 2010, 2014 Les Publications Modus Vivendi inc., pour l'édition française.

L'édition originale de cet ouvrage est parue chez Family Doctor Publications sous le titre *Understanding Stress*

LES PUBLICATIONS MODUS VIVENDI INC.
55, rue Jean-Talon Ouest, 2e étage
Montréal (Québec) H2R 2W8
CANADA

www.groupemodus.com

Éditeur : Marc Alain
Design de la couverture : Gabrielle Lecomte
Infographie : Modus Vivendi
Traduction : Ghislaine René de Cotret

ISBN : 978-2-89523-826-3

Dépôt légal – Bibliothèque et Archives nationales du Québec, 2014
Dépôt légal – Bibliothèque et archives Canada, 2014

Nous reconnaissons l'aide financière du gouvernement du Canada par l'entremise du Fonds du livre du Canada pour nos activités d'édition.

Gouvernement du Québec — Programme de crédit d'impôt pour l'édition de livres — Gestion SODEC

Imprimé en Chine

Table des matières

L'auteur

Le Professeur Greg Wilkinson est diplômé de l'Université d'Édimbourg en médecine. Il a poursuivi et complété sa formation en psychiatrie à l'hôpital Maudsley, à Londres, et il est aujourd'hui professeur en psychiatrie de liaison à l'Université de Liverpool, où il est chargé d'enseigner aux étudiants en médecine et de mener les projets de recherche sur les problèmes de santé mentale.

Gérer le stress

Le stress est aussi appelé « tension nerveuse ». Afin de simplifier la lecture de cet ouvrage, nous utiliserons principalement le mot « stress ».

Ce qui cause le stress

Qu'est-ce qui cause le stress ? Tout ce qui vous crispe, vous met en colère, vous rend frustré ou malheureux. Il peut s'agir de l'examen de conduite automobile de la semaine prochaine, de l'anticipation de la visite d'un parent avec qui vous ne vous entendez pas bien, des décisions à prendre en vue d'un déménagement ou d'un

mariage, de la pression continuelle au travail ou du deuil inévitable lié au décès d'un membre de la famille.

Des facteurs qui créent du stress chez certaines personnes procurent de l'excitation à d'autres. Les pilotes de course automobile et les alpinistes semblent s'épanouir grâce aux activités physiques périlleuses. Certaines personnes aiment la fébrilité qu'ils ressentent à aller en mer dans de mauvaises conditions météorologiques et se joignent à un équipage de sauvetage en mer. D'autres choisissent de travailler à l'extérieur au haut des gratte-ciel ou sur les toits. Ainsi, ce qui peut s'avérer une source de stress pour une personne peut représenter un plaisir pour une autre.

En fait, une certaine quantité de stress est favorable à l'être humain. Le fait de relever un défi ou d'accomplir une tâche qu'elle ne veut pas faire amène souvent une personne à se rendre compte qu'elle est en mesure d'atteindre les objectifs fixés. Elle en retire une meilleure estime de soi. Avoir l'occasion de relever des défis empêche les gens de s'ennuyer. D'ailleurs, bon nombre de personnes créent volontairement des situations de stress léger dans leur vie en vue de surmonter l'ennui lié à la routine.

Action du stress sur l'organisme

Le stress déclenche des changements à grande échelle dans le contrôle chimique (la neurotransmission) du système hormonal. Il est aussi appelé « système hypothalamo-hypophyso-cortico-surrénalien ».

La première partie de ce système, soit l'hypothalamus, régit l'hypophyse du cerveau, laquelle active les glandes surrénales de l'abdomen. Par exemple, dans le cas d'un stress intense, la libération d'hormones surrénaliennes

Adrénaline et réaction de peur

L'adrénaline est libérée dans l'organisme en réaction à une menace physique ou à une occasion d'agir. Elle a divers effets sur le corps pour assurer que nous pouvons faire face à la situation.

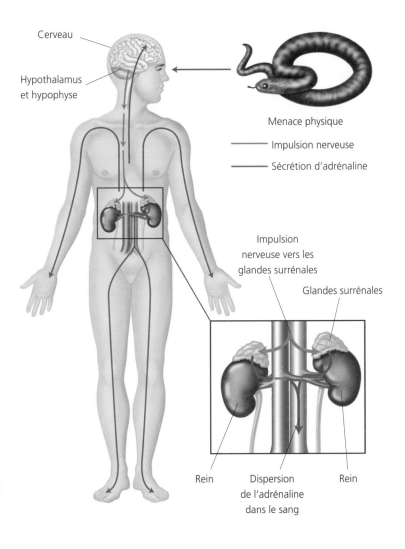

Cerveau

Hypothalamus et hypophyse

Menace physique

——— Impulsion nerveuse

——— Sécrétion d'adrénaline

Impulsion nerveuse vers les glandes surrénales

Glandes surrénales

Rein

Dispersion de l'adrénaline dans le sang

Rein

dans la circulation sanguine, telle que l'adrénaline, provoque un réflexe de lutte ou de fuite ainsi qu'un sentiment d'alerte accru, de l'angoisse, l'accélération du rythme cardiaque, de la tension artérielle et du glucose sanguin, une transpiration accrue ou des bouffées de chaleur, la perte de l'appétit, des perturbations du sommeil et une activité sexuelle réduite.

L'hippocampe et l'amygdale, dans le cerveau, réunissent l'information tirée de l'environnement et celle de la mémoire, ce qui permet d'évaluer l'importance d'une situation stressante et pousse l'hypothalamus à commander une libération accrue de cortisol (une hormone) par les glandes surrénales durant les moments de stress.

Dans les cas de stress chronique, l'altération de la libération de l'hormone de stress contribue à miner la santé de la personne; elle cause entre autres de la dépression, des ulcères gastriques, une fonction immunitaire affaiblie avec parfois une susceptibilité aux infections virales et aux maladies du cœur, en plus de perturber les symptômes ou les traitements d'un grand nombre d'autres conditions médicales.

En particulier, le stress répété tôt dans la vie peut provoquer une réponse exagérée des systèmes hypophysaire et surrénalien. Il peut aller jusqu'à une hausse chronique des sécrétions hormonales, à des niveaux qui peuvent avoir des conséquences nuisibles sur différents organes et des zones sensibles du système nerveux central même.

Excès de stress

Un excès de stress est mauvais pour la santé et le bienêtre. Il peut en outre nuire au travail et à la vie sociale. Un stress intense répété et continu a un effet fragilisant et démoralisateur qui peut avoir comme conséquence de rendre difficile toute intervention pour régler les causes mêmes du stress.

Le caractère, les handicaps et la maladie d'une personne déterminent sa réaction au stress. Ces éléments dictent la façon dont elle réagit aux difficultés éprouvées dans ses relations personnelles à la maison et au travail ainsi qu'aux problèmes d'ordre plus pratique, notamment sur le plan de l'argent, du travail ou du logement.

La façon dont une personne réagit au stress dépend aussi de son milieu de vie, par exemple le soutien qu'elle reçoit de personnes ou de groupes. Cela influe à son tour sur ses réactions face à ses problèmes relationnels, par exemple avec les membres de sa famille à la maison, avec ses collègues au travail et avec ses amis dans ses loisirs. Ces réactions jouent ensuite un rôle sur sa façon d'affronter les pressions de la communauté et de la société, en regard de la perception de son corps et de son esprit, de sa consommation de drogues ou d'alcool, de sa spiritualité et de ses comportements sexuels.

Une question d'adaptation

À mesure qu'on vieillit, on sait mieux à quoi s'attendre de la vie et comment réagir aux événements désagréables. L'imprévu devient plus facile à gérer. Vous apprenez à adapter vos attitudes et vos comportements afin de mieux comprendre ce qui vous arrive et comment survivre. En principe, ce processus se déroule assez bien et vous vous rendez à peine compte que vous « gérez votre stress ».

En revanche, ces réactions et la façon dont vous vous en tirez apparaissent plus clairement lorsque des événements d'importance majeure surviennent, par exemple un mariage, une naissance ou le décès d'un proche.

Afin de bien vivre avec le stress, il faut prendre le temps de reconnaître ses sources dans votre vie et de déterminer si vos réactions physiques et émotionnelles sont sensées et utiles, ou si elles vous empêchent de vous adapter à la situation et de contrôler votre stress.

Bien que de nombreuses études montrent que la capacité de gérer le stress est partiellement innée, elle est aussi une question d'entraînement, d'éducation et de pratique.

Un sondage mené par le Health and Safety Executive a révélé qu'un demi-million de Britanniques souffrent de maladies associées au stress au travail, et ce nombre est probablement en deçà de la réalité.

Surmonter le stress

Vous avez toutes les raisons de croire que vous pouvez surmonter le stress dans votre vie, car il existe de nombreux moyens simples et efficaces de le réduire et de le surmonter. Ces solutions personnelles sont très efficaces dans la plupart des cas.

Même si à peu près tout le monde subit une forme de stress, seul un petit nombre de personnes développent un trouble physique ou émotionnel qui demande l'aide d'un spécialiste.

POINTS CLÉS

- Le stress est causé par tout ce qui vous crispe, vous met en colère, ou vous rend frustré ou malheureux.

- Ce qui est une source de stress pour une personne peut représenter un plaisir pour une autre.

- Un certain niveau de stress est favorable.

- Un excès de stress affecte à la fois la santé et le bien-être.

- Vous avez toutes les raisons de croire que vous pouvez surmonter le stress dans votre vie.

- Le stress déclenche des changements à grande échelle dans le contrôle chimique (la neurotransmission) du système hormonal, aussi appelé « système hypothalamo-hypophyso-cortico-surrénalien ».

Équilibre entre l'adaptation et le stress

J'ai mentionné précédemment que le stress peut être à la fois favorable – élément de motivation – et nuisible. En outre, les causes du stress peuvent non seulement varier d'une personne à une autre, mais aussi changer chez la même personne d'une année à une autre.

Cela s'explique par le fait que la façon dont le stress agit sur une personne dépend de l'équilibre qui existe entre les exigences d'un de plusieurs événements provoquant le stress et la capacité de la personne de s'y adapter (laquelle peut varier considérablement). Il peut en résulter un mauvais stress si l'écart est trop grand entre ce qui est demandé et la capacité d'adaptation.

D'un point de vue légèrement différent, le niveau de stress général est déterminé par un équilibre complexe entre l'événement stressant, votre réaction sur le plan physique, votre cognition (par exemple votre mémoire, votre conscience et votre prise de décision), vos émotions et votre comportement apparent, et enfin l'importance qu'a l'événement à vos yeux (vous rend-il très heureux, très triste ou a-t-il peu d'importance?).

Accumulation de stress

Niveau de stress =

Événement potentiellement stressant
+
Réaction à cet événement, soit physique,
émotionnelle, cognitive ou comportementale
+
Importance personnelle de l'événement
(joie, tristesse, souci ou indifférence)

Imaginez que Pierre Larose a des paiements hypothécaires élevés, une épouse, trois enfants et un emploi qu'il adore, mais qu'il est congédié et perd son emploi. Pierre se voit alors soumis à un stress important. Comme cet événement a une importance majeure pour lui, Pierre pourrait présenter des symptômes physiques comme une hausse de sa fréquence cardiaque et de sa tension artérielle, de l'insomnie, une incapacité de manger ou de se détendre, et des excès de colère et d'irritation. Tous ces symptômes modifient son comportement apparent.

Au volant, Pierre peut avoir une cognition affaiblie par un amoindrissement de sa vision périphérique sans s'en rendre compte qui l'empêche d'avoir conscience de ce qui se produit sur les côtés de la route ou d'y réagir assez vite, ce qui pourrait mener à un accident.

Jeannine Lebrun, en revanche, a 23 ans. Elle est hautement qualifiée, mais a un emploi qu'elle trouve ennuyant, sans responsabilités. Un congédiement ne la troublerait pas outre mesure. Au contraire, elle pourrait se dire que cet événement la pousse à faire des changements qu'elle aurait dû faire longtemps avant. Elle pourrait être soulagée et se sentir mieux qu'elle s'est sentie depuis un bon moment. Dans ce cas, Jeannine vivrait un stress positif dont elle a besoin pour apporter un changement nécessaire dans sa vie.

Ces exemples montrent que des sources de stress semblables peuvent déclencher des réponses tout à fait différentes selon les personnes touchées.

POINTS CLÉS

- La façon dont le stress affecte une personne s'explique par l'équilibre qui existe entre les exigences de la situation et la capacité de s'y adapter.

- Des symptômes physiques de stress résultent parfois de l'incapacité d'une personne de s'adapter au stress.

Sources de stress

La vie serait d'un ennui mortel s'il n'arrivait jamais rien. En revanche, lors de tout changement majeur, il faut trouver l'équilibre entre ce changement et la capacité de s'y adapter à ce moment précis.

Trop de changements survenant trop rapidement peuvent constituer une cause principale de stress, car ils exigent alors plus que la capacité d'une personne de gérer le stress. Le tableau de la page 21 donne une indication du stress que divers événements et changements sociaux peuvent causer.

En général, plus il survient de ces événements pendant une période donnée, supposons une année, et plus leur cote combinée est élevée, plus vous devenez susceptible de vivre une réaction au stress, d'ordre physique ou émotionnel. En outre, l'intensité de la réaction au stress est habituellement proportionnelle à l'importance des événements et des changements vécus.

Il faut se rappeler que le stress peut être déclenché par des événements considérés comme agréables, par exemple se marier, gagner à la loterie ou avoir un enfant, autant que par des événements négatifs tels que la perte d'un emploi, un accident ou la maladie d'un membre de la famille.

Événements de la vie

Afin d'évaluer les effets des événements de la vie et des changements sociaux en regard du stress, il convient de tenir compte du fait que ces événements sont d'autant plus stressants s'ils sont :

- imprévisibles;

- peu familiers;

- majeurs;

- intenses;

- inévitables;

- inéluctables.

Il ne faut toutefois pas prendre le contenu du tableau de la page 21 au pied de la lettre. Il arrive couramment que les gens aux prises avec du stress cherchent à trouver la source de ce stress dans les événements du passé, mais certains événements sont le résultat, plutôt

que la cause, du stress. Par exemple, un stress déjà existant peut être à l'origine du sentiment de ne pas être en mesure d'assumer de nouvelles responsabilités plutôt qu'être provoqué par l'incapacité de s'adapter à la situation.

Ainsi, les sources de stress se trouvent essentiellement dans les événements de la vie ainsi que dans vos réactions physiques, cognitives et émotionnelles à ces événements. Une personne qui souffre déjà de stress et manque d'attention au travail verra son rendement diminuer, ce qui peut entraîner des mesures disciplinaires. L'inattention cognitive induite par le stress conduit ainsi à un autre événement. La cause peut vous apparaître clairement et, dans ce cas, la façon de réagir le devrait également. Il vous revient alors de faire les ajustements pratiques et émotionnels nécessaires. Dans ces circonstances, il est souvent facile de savoir à qui demander de l'aide.

Évènements de la vie et stress

Évènement	Cote de stress
Décès du conjoint Divorce ou séparation Peine d'emprisonnement Décès d'un proche de la famille Blessure ou maladie Mariage Perte d'emploi Déménagement	Très élevée
Réconciliation avec le conjoint Retraite Maladie grave d'un membre de la famille Grossesse Troubles sexuels Naissance d'un enfant Changement d'emploi Problèmes financiers Décès d'un ami proche	Élevée
Discorde familiale Hypothèque ou prêt élevé Procédures de mise en recouvrement Nouvelles responsabilités au travail Fils ou fille quittant le domicile Discorde avec la belle-famille Rendement personnel exceptionnel Arrivée ou départ d'un associé Début ou fin des études Changement des conditions de vie Examen des habitudes personnelles Discorde avec l'employeur	Moyenne
Changement des heures ou des conditions de travail Changement d'établissement scolaire Changement de loisirs Changement d'activités religieuses Changement d'activités sociales Hypothèque ou prêt peu élevé Changement des habitudes de sommeil Changement dans les communications familiales Changement d'alimentation Vacances Fêtes de Noël Infractions mineures	Faible

Adapté de Holmes et Rahe.

Quels facteurs vous affectent ?

Afin de découvrir l'origine de votre stress, demandez-vous si certains facteurs sociaux, physiques ou émotionnels ont un effet quelconque sur vous :

- Combien de thés, de cafés et de boissons contenant de la caféine buvez-vous chaque jour ?
- Combien de cigarettes fumez-vous ?
- Combien d'alcool buvez-vous ?
- Faites-vous assez d'exercice ?
- Pourriez-vous être malade ?
- Y a-t-il du nouveau dans votre vie ?
- Votre situation a-t-elle changé d'une façon ou d'une autre ?
- Avez-vous des problèmes de longue date qui se sont aggravés récemment ?
- Est-ce qu'un proche éprouve des difficultés qui vous touchent ?

Souvent, par contre, la source de stress n'est pas aussi évidente. Il peut s'avérer nécessaire de bien réfléchir ou de discuter avec des personnes à qui l'on peut se confier pour la découvrir.

Il convient de rappeler qu'une maladie non diagnostiquée peut nuire à la capacité de s'adapter, de même que des relations personnelles complexes que vous n'êtes pas préparé à affronter.

Parfois, cependant, il n'y a pas de réponse et, très occasionnellement, le stress peut se manifester sans raison apparente.

Étapes de la vie

L'étape de la vie que vous traversez peut vous donner un indice sur votre niveau de stress. À la fin de l'adolescence, il faut prendre un grand nombre de décisions importantes pour la première fois. Vers la quarantaine, les responsabilités sont plus lourdes et plus sérieuses. Les personnes âgées, pour leur part, doivent confronter la maladie, le décès de membres de la famille et des problèmes d'ordre financier.

Vous devez aussi tenir compte de l'étape que traversent les gens qui vous entourent. Les bébés qui pleurent, les enfants qui refusent d'aller se coucher, les petits monstres, les je-sais-tout, l'entrée à l'école, les adolescents rebelles… ce sont là des épreuves qui testeront le plus calme des parents. Même les repas en famille peuvent être des sources de stress dans la vie de tous les jours.

Conflits

Demandez-vous s'il y a des choses que vous aimeriez régler. Par exemple :

* Êtes-vous continuellement en train de vous disputer au sujet de quelqu'un ou de quelque chose ?

* Est-ce qu'une situation vous fait vous sentir inadéquat ou responsable du problème ?

* Jouez-vous un nouveau rôle ou assumez-vous trop de responsabilités, de votre gré ou non ?

* Avez-vous des peurs ou des frustrations secrètes ?

Le stress résulte souvent de l'accumulation de facteurs de ce type, avec ou sans lien entre eux. Prenez le temps de vous assœir et dressez une liste des tensions qui font partie de votre vie. Vous découvrirez avec surprise – et soulagement – que vous pouvez en éliminer plusieurs.

Signes indicateurs de stress

Les signes indiquant que le stress nuit à la santé varient énormément d'une personne à une autre. Ils peuvent être visibles ou « invisibles » et avoir des effets à court ou à long terme. Cependant, la plupart des personnes ont leur propre mécanisme de réaction au stress, comme elles ont leurs propres empreintes digitales.

Chez une personne, ce sera des maux de tête ou céphalées; chez une autre, il s'agira d'eczéma ou d'une diarrhée. Les signes pourraient être moins évidents (par exemple, une maladie moins contrôlée). Habituellement, les premiers signes de stress se manifestent par des changements dans les émotions ou le comportement. Parfois, l'entourage perçoit mieux ces changements que la personne elle-même.

Réaction émotionnelle au stress

Les changements les plus importants créent une tension accrue, de l'irritabilité et des sautes d'humeur. Des irritants mineurs peuvent sembler insupportables s'ils s'ajoutent au stress, en plus de provoquer des accès de colère. Par exemple, vous pourriez avoir envie de donner vos enfants en adoption lorsqu'ils insistent pour jouer à un jeu de société alors que vous rentrez tout juste du travail et souhaitez seulement vous assoire et vous détendre. Ou encore, vous pourriez avoir un désir irrépressible d'endommager votre voiture qui refuse de démarrer, ou de casser le grille-pain qui fonctionne mal.

L'appétit et le poids peuvent changer. Certaines personnes n'ont plus envie de manger alors que d'autres deviennent insatiables. Votre capacité d'adaptation au travail ou à la maison peut varier grandement : vous n'arrivez plus à payer les factures, mais ne réagissez que lorsque la compagnie a débranché le téléphone; au travail, votre cerveau fonctionne au ralenti et les tâches

s'accumulent sur votre bureau. Vous fumez ou vous buvez davantage, ou les deux, ce qui vous aide à passer le temps, car vous avez du mal à dormir.

L'encadré de la page 27 énumère diverses réactions émotionnelles au stress. Tenez-en compte si vous observez certains de ces signes ou que d'autres personnes vous les font remarquer; à défaut de vous protéger, vous êtes à risque de vivre davantage de stress. Vous pourriez ne pas reconnaître tous les signes au départ, ou peut-être les avez-vous ignorés pour diverses raisons. Vous devrez aussi résister à la tentation d'associer toutes ces réactions à une maladie physique grave plutôt qu'à une réaction au stress.

Réactions physiques au stress

Les réactions physiques à de fortes émotions avaient jadis pour but de protéger les hommes des cavernes dont la vie était simple, mais dangereuse. Durant l'âge de pierre, ces réactions déterminaient si une personne

Réactions émotionnelles au stress

- Sentiment d'être sous pression
- Sentiment de tension, incapacité de se relaxer
- Épuisement mental
- Peur constante
- Irritabilité accrue et plaintes fréquentes
- Sentiment de conflit
- Frustration et agressivité
- Agitation, incapacité croissante de se concentrer ou de réaliser des tâches rapidement
- Envies de pleurer fréquentes
- Caprices, tristesse ou soupçons
- Incapacité de prendre des décisions
- Réflexe de s'enfuir et de se cacher
- Peur de s'évanouir, de s'effondrer ou de mourir
- Crainte d'embarras social ou d'échec
- Incapacité de ressentir de la joie ou du plaisir

allait lutter ou fuir, et la préparaient à l'action. Des millions d'années plus tard, elles jouent toujours le même rôle; c'est très utile si un mammouth vous attaque, mais beaucoup moins si vous venez de manquer le dernier train ou si vous échappez vos clés de voiture dans une bouche d'égout ! Votre tension artérielle et votre fréquence cardiaque augmentent, votre respiration s'accélère et vos oreilles, vos yeux et votre nez sont en alerte. Ces changements sont causés par les hormones du stress libérées dans le sang en réaction à un événement particulier (voir les pages 7 à 11).

La réaction au stress qui persiste ou qui se manifeste fréquemment et au mauvais moment peut provoquer plusieurs sensations déplaisantes. Le nombre et la nature des effets physiques varient grandement d'une personne à une autre. Les plus courants sont énumérés dans l'encadré de la page 30.

Comment réagir aux symptômes physiques du stress

La respiration profonde contrôlée et la relaxation sont les deux méthodes les plus efficaces pour gérer les réactions physiques au stress. Elles sont décrites aux pages 60 à 65. Il est impératif de vous détendre tout au long de la journée et pas seulement aux moments prévus pour vous « relaxer ».

Essayez d'abord de reconnaître les sensations de votre corps et, dès que vous ressentez des réactions physiques au stress, tentez de relâcher vos muscles; par exemple, laissez tomber les épaules et relâchez les muscles du visage et de l'abdomen. Si possible, interrompez votre activité et reposez-vous, prenez le temps de vous calmer, et exercez-vous à vous distraire, à respirer profondément et à relâcher vos muscles. Prenez une grande inspiration, retenez-la en comptant jusqu'à trois (cent un, cent deux, cent trois), puis expirez lentement.

Répétez l'exercice et continuez de respirer lentement en prenant environ 10 respirations par minute. Si vous vous sentez bien, vous pouvez allonger la durée de la respiration à six secondes, en comptant de cent un à cent six. (La respiration rapide et superficielle peut accentuer les réactions physiques au stress.) Reprenez tranquillement votre activité sans cesser votre respiration profonde et lente, en vous distrayant et en vous nourrissant de pensées positives sur la façon dont vous avez géré la situation et sur ce que vous ferez à la prochaine occasion.

Réactions physiques au stress

- Tension musculaire
- Fréquence cardiaque rapide, irrégulière ou violente
- Respiration rapide et superficielle
- Transpiration
- Pupilles dilatées
- Vigilance excessive
- Changement de l'appétit
- Faiblesse musculaire ou tremblements
- Nausée
- Troubles du sommeil
- Nervosité
- Maux de tête (céphalées)
- Faiblesse des membres
- Indigestion
- Envies fréquentes d'uriner
- Inconfort à la poitrine
- Malaises, douleurs ou tics
- Constipation ou diarrhée
- Fatigue ou faiblesse
- Aggravation de malaises ou de douleurs de longue date
- Agitation constante
- Maux de dos
- Picotements dans les mains ou les pieds
- Bouche ou gorge sèche
- Papillons dans l'estomac

Réactions comportementales au stress

Le comportement des personnes soumises au stress peut changer grandement. Souvent, ces personnes détestent se retrouver seules et cherchent à obtenir le soutien de leur famille et de leurs amis. Certaines deviennent introverties et indifférentes. Elles semblent perdre tout intérêt pour les autres et commencent même à refuser les invitations, car tout leur semble demander trop d'efforts.

Ces personnes ont constamment besoin d'être rassurées et peuvent devenir indécises. Une simple visite au supermarché pour acheter du thé semble exiger autant de réflexion et de planification que l'ascension de l'Everest. Elles changent souvent d'avis; elles peuvent vanter une personne à un certain moment, puis la dénigrer un peu plus tard. Elles peuvent être au bord des larmes, maussades et grincheuses, et pensent souvent qu'il est impossible pour quiconque de les comprendre.

Il peut se produire des changements d'ordre sexuel (perte d'intérêt, aventures d'un soir plus fréquentes ou changement des préférences sexuelles). Une personne

habituellement douce peut devenir agressive verbalement ou physiquement.

La personne auparavant détendue peut devenir rigide et obsessive; par exemple, elle peut vérifier à répétition si la porte est verrouillée et les interrupteurs, fermés, ou encore elle peut se lever la nuit pour nettoyer le four alors qu'elle ne le faisait qu'une fois l'an.

Ces actions peuvent constituer un effort en vue de procurer un peu d'ordre et de certitude au milieu de la confusion ambiante. La personne stressée nie souvent avoir changé son comportement alors que ces changements sont plus clairs dans son entourage.

Demandez à vos amis s'ils ont remarqué des changements dans votre comportement, mais ne leur en voulez pas de leur honnêteté. Rappelez-vous que le refus de la vérité peut être un signe de stress !

POINTS CLÉS

- Trop de changements trop rapides peuvent être une cause de stress.

- Des événements agréables ou négatifs peuvent être une cause de stress.

- La cause du stress n'est pas toujours apparente.

- Habituellement, le stress résulte d'une accumulation d'événements reliés ou non.

- Souvent, les autres perçoivent davantage votre stress que vous.

- Les réactions au stress peuvent être d'ordre émotionnel, physique, cognitif ou comportemental.

S'attaquer
au problème

Reconnaître le stress

Reconnaître le stress est plutôt difficile, alors qu'y remédier est relativement aisé. Lorsque vous comprenez que vous vivez une réaction au stress, vous devriez être en mesure de déterminer les causes sous-jacentes du problème, pas seulement ses symptômes. Vous pouvez demander à une personne sûre et en qui vous avez confiance de vous aider.

Journal de votre stress

Dressez une liste de vos symptômes de stress, puis évaluez leur intensité et leur durée. Notez ensuite toutes les causes possibles et répartissez-les dans des catégories distinctes.

Rappelez-vous que plusieurs petits irritants font parfois plus de tort que les plus grandes épreuves de la vie.

Une fois que vous avez écrit toutes les causes possibles de votre stress, vous pouvez les classer en trois catégories : celles qui ont une solution d'ordre pratique, celles qui vont s'améliorer d'elles-mêmes et celles que vous ne pouvez pas changer. Essayez de ne pas vous en faire avec les causes des deux dernières catégories; cessez de vous inquiéter de ce que vous ne pouvez pas changer. Par exemple, votre adolescente pourra aussi bien laisser tomber son rêve de devenir mannequin (top modèle) et reprendre ses études, ou encore réussir et gagner des millions de dollars. Toute votre inquiétude ne sera plus alors qu'un vague souvenir.

Lorsqu'il existe une solution pratique (et cela s'applique à tous les types de problèmes), mettez-la en œuvre et voyez si la situation s'améliore.

Il faut vous attendre à ce que quelques-unes de ces solutions dérangent certaines personnes. Rappelez-vous que prendre soin de vous ne doit pas signifier de blesser les autres, et que vous êtes le plus utile à vos proches et à vous-même si vous allez bien.

Suivi de vos progrès

L'étape suivante consiste à faire le suivi de votre réaction au stress au moyen de notes dans lesquelles vous indiquez la nature, la gravité et la durée des symptômes. Après une semaine, répétez l'exercice pour vérifier s'il y a des changements. Remplacez les solutions qui semblent inefficaces par de nouvelles.

Modèle de journal de stress

Symptôme de stress	Gravité (sur 10)	Durée	Catégo...
Insomnie	Je reste allongé et éveillé pendant des heures (9/10)	Les six dernières semaines	Famille et amis
Pression	Je déteste me rendre au travail le matin (7/10)	Au moins trois mois	
Fréquence cardiaque accélérée	J'ai parfois l'impression que je vais m'évanouir (5/10)	Les deux dernières semaines	
6 semaines plus tard Insomnie	J'ai de la difficulté à dormir (5/10)	Trois soirs la semaine dernière	Travail
Pression	Je me sens mieux d'aller au travail si je prends le petit déjeuner dans un café (3/10)		
Fréquence cardiaque accélérée	Acceptable la semaine dernière (1/10)		
12 semaines plus tard Insomnie	Mieux depuis que j'ai modifié mes habitudes avant d'aller dormir et que je fais de l'exercice (1-2/10)		Loisirs
Pression	Je pense à mon plan de carrière – est-ce le moment de bouger ? (1/10)		Finances
			Santé & apparanc
Fréquence cardiaque accélérée	Mieux après des exercices de respiration et une vidéo de relaxation (1/10)		Maison

Causes du stress et solutions possibles

Causes possibles du stress	Type de stress			Solutions possibles
	Solution pratique	Amélioration avec le temps	Impossible à changer	
Ma mère a fait une mauvaise chute			X	Vous ne pouvez pas changer ce qui est arrivé; assurez-vous que la famille lui vient en aide
Ma fille a abandonné les études supérieures		X		Elle sait ce qu'elle veut; avec le temps vous accepterez la situation
Je me sens laissé de côté	X			Vous pouvez agir; participez à des activités familiales, sociales, sportives, faites du bénévolat, engagez-vous dans la politique locale, à l'école
J'en fais trop	X			Il y a des solutions pratiques : planifiez votre temps, apprenez à déléguer, prenez le temps de réfléchir, établissez vos priorités, prenez des pauses au cours de la journée, discutez de votre mandat avec votre supérieur et vos collègues, réorganisez vos tâches
Échéance de fin d'année		X		Une fois passée, votre stress diminuera
Je passe tout mon temps libre devant le téléviseur	X			Découvrez-vous de nouveaux intérêts, comme les arts et l'artisanat, le sport, le cinéma, les concerts, le théâtre et la lecture
Cartes de crédit	X			Cessez de les utiliser ou ne les utilisez que pour l'essentiel
Je vieillis			X	Acceptez-le et vieillissez en beauté
Mon conjoint met du temps à finir les rénovations	X			Offrez de l'aider et soyez patient !

Continuez d'évaluer vos progrès jusqu'à ce que vous croyiez avoir réduit le plus possible les causes de votre stress que vous vous sentiez de nouveau en contrôle. Il est à peu près sûr que vous verrez une amélioration après 6 à 12 semaines.

Prise en main de votre style de vie

Vous avez trop à faire et trop de responsabilités ? Afin d'éviter de vous sentir dépassé, vous pouvez répartir vos tâches en trois groupes : les tâches obligatoires, les tâches souhaitables, mais pas obligatoires et les tâches non nécessaires. Les mesures qui suivent pourraient vous aider à vous sentir en meilleur contrôle de votre vie :

- Établissez un horaire quotidien ou hebdomadaire de vos activités. Essayez d'y inclure une activité agréable chaque jour.

Des façons de s'aider soi-même

1 Établissez votre horaire par écrit. Notez chaque activité sur 10 pour le plaisir qu'elle vous procure ainsi que pour votre rendement. Évaluez vos progrès tous les deux ou trois jours.

2 Dressez une liste des choses à faire.

3 Incluez dans votre horaire :
- des tâches essentielles;
- des activités qui vous plaisent ;
- des activités que vous réussissez bien.

4 Concentrez-vous sur des objectifs atteignables en une seule fois ou étape par étape.

5 Attention aux pensées négatives comme « Je ne pourrai pas en venir à bout » ou « Je dois me sortir de cette situation ». Dans quelle mesure sont-elles vraies ? Y a-t-il d'autres points de vue possibles ?

6 Prenez une note de chaque problème et dressez la liste de toutes les solutions possibles, puis faites-en l'essai, en commençant par la solution la plus facile à mettre en œuvre.

- Pensez à l'avenir et oubliez les erreurs et les déceptions du passé.

- Fumez moins et réduisez votre consommation d'alcool et de boissons caféinées; faites de l'exercice sur une base régulière, prenez de bons repas et dormez suffisamment.

- Trouvez le temps de vous reposer et de vous détendre.

- Demandez à votre famille et à vos amis de vous aider à changer votre style de vie.

Pensées néfastes
Changer votre façon de penser

Mettez les conseils suivants en pratique afin de changer votre façon de penser :

- Réfléchissez à votre façon de voir les choses. Récompensez-vous pour vos réussites et remettez vos critiques en question.

- Remarquez et prenez en note les pensées néfastes qui vous viennent spontanément, qui ne correspondent pas aux faits, que vous acceptez sans y réfléchir et qui sont difficiles à éliminer. Au début, écrivez-en le plus possible. Des réactions rapides et efficaces viendront plus facilement avec la pratique.

- Apprenez à reconnaître les pensées néfastes et remplacez-les par d'autres, plus réalistes et utiles. Cela deviendra plus facile au fil du temps. Commencez par écrire toutes vos pensées jusqu'à ce que vous en preniez l'habitude.

- Résistez à la tentation d'éviter de réfléchir à vos pensées néfastes, et ne fabriquez pas d'excuses, car nier le problème ne le réglera pas.

- Chaque jour, écrivez le plus de pensées néfastes à ainsi que vos réactions. Il se peut que vous deviez trouver de 50 à 100 réactions possibles à vos pensées néfastes avant d'arriver à les contrôler. Au début, écrivez tout. Les réactions efficaces viendront plus facilement avec la pratique.

Vous devez vous poser quatre questions en regard de vos pensées néfastes persistantes.

Par exemple, si vous avez la conviction que vos nouveaux collègues de travail ne vous aiment pas, posez-vous les quatre questions suivantes :

1 **Q** Mes pensées correspondent-elles aux faits ?
  R *Tous mes collègues me saluent et me sourient.*

2 **Q** Existe-t-il une autre façon de voir la situation ?
  R *Tout le monde est très occupé, personne n'a vraiment le temps de socialiser avec une personne en particulier.*

3 **Q** Quels sont les avantages et les inconvénients de penser ainsi ?
  R *Ces pensées peuvent modifier l'image que je donne de moi à mes collègues.*

4 **Q** Est-ce que je saute aux conclusions ou me blâme sans raison ?

Reconnaître les pensées néfastes

Calculez le nombre de pensées néfastes que vous avez chaque jour ainsi que le temps que vous y consacrez. Par exemple, vous pouvez vous sentir obligé d'accepter une réparation mal faite à la maison parce que vous ne savez pas comment vous y prendre pour vous plaindre. Ou vous pouvez imaginer qu'une réunion s'est mal passée au travail en raison de votre incompétence.

Après quelques jours, vous pourriez voir une tendance émerger.

Si quelque chose favorise la manifestation de pensées néfastes : ÉVITEZ-LA.

Si quelque chose réduit le nombre de pensées néfastes : FAITES-LA PLUS SOUVENT.

Utilisez vos pensées néfastes pour guider vos actions. Tenez-en un journal quotidien.

Analyser vos pensées

Réfléchir à ses pensées n'est pas une action qu'on fait couramment et cela peut être difficile au début. Il est malaisé de penser à différentes options en situation de stress.

Écrivez au sujet de ce qui vous trouble et relisez vos notes lorsque vous vous sentez mieux. Il n'y a pas une seule bonne réponse; recherchez des solutions qui vous aideront à être plus positif.

La meilleure solution peut consister à vous pousser à en faire plus quand le moindre mouvement exige un effort.

Avantages relatifs aux activités

Toute activité a un effet positif.

- Vous vous sentez mieux. En plus de vous distraire, l'activité vous procure le sentiment de mieux contrôler votre vie, vous permet de vous réaliser et vous apporte du plaisir.

- Vous ressentirez davantage d'énergie et moins de fatigue.

- Vous avez plus de motivation : plus vous en faites, plus vous voulez en faire.

- Vous voyez plus clair.

- Cela plaît à vos proches.

Dresser un calendrier d'activités

Le calendrier d'activités tient le compte de vos activités actuelles et vous permet d'en envisager d'autres. Il vous confirme que vous passez à l'action.

Vingt questions pour mieux gérer vos pensées néfastes

1 Est-ce une pensée ou un fait ?

2 Est-ce que je saute aux conclusions ?

3 Quelle est l'autre option ?

4 Quel effet a cette pensée néfaste sur moi ?

5 Avantages ? Inconvénients ?

6 Existe-t-il une réponse à ma question ? (Quel est le sens de la vie ?)

7 Ai-je une opinion tranchée ?

8 La réponse au problème est-elle aussi claire que « toujours ou jamais » ou « tout ou rien » ?

9 Est-ce que tout va mal à cause d'un événement en particulier ?

10 Mes faiblesses étouffent-elles mes forces ?

11 Est-ce approprié de me blâmer ?

12 Dans quelle mesure suis-je responsable du problème ?

13 Quel degré de perfection puis-je atteindre ?

14 Ai-je deux poids, deux mesures ?

15 Y a-t-il seulement un côté négatif ?

16 Est-ce que tout doit être un désastre ?

17 Est-ce que j'exagère le problème ?

18 Est-ce que je vis ma vie telle qu'elle est ou telle que je voudrais qu'elle soit ?

19 Quelque chose peut-il changer ?

20 Que puis-je faire pour changer les choses ?

Pendant trois jours, notez ce que vous faites toutes les heures. Évaluez chaque activité en regard du divertissement (D), du plaisir (P), du sentiment de réalisation (R) et du sentiment de maîtrise (M) qu'elle vous apporte sur une échelle de 1 à 10, 10 étant la note la plus élevée.

Par exemple, « D10 » correspond à une activité très divertissante et « A10 » indique un fort sentiment de réalisation.

Faites l'évaluation de l'activité au moment où vous la réalisez, sans attendre à plus tard. De plus, tenez compte de vos sentiments actuels et non pas de ceux que vous aviez lorsque tout allait bien.

Planifier des activités

Que souhaitez-vous améliorer ? Comment pouvez-vous changer les choses en mieux ?

Planifiez chaque journée, y compris les activités qui vous divertissent et qui vous procureront un sentiment de réalisation.

- L'organisation de votre temps vous donne le sentiment de reprendre le contrôle de votre vie et de poursuivre des objectifs.

- Une planification quotidienne ou hebdomadaire fournit un cadre signifiant à votre vie.

- Après avoir planifié vos activités quotidiennes ou hebdomadaires, il vous reste à les découper en ensembles de tâches faciles à gérer qui vous sembleront moins insurmontables.

Exemples de problèmes et de solutions possibles

Écrivez les problèmes que vous éprouvez au cours de la journée. Ensuite, proposez des façons de les résoudre.

Problèmes	Solutions
✗ Cela me semble insurmontable de recevoir ma belle-famille pour le repas.	✓ Si je dresse une liste des choses à faire, cela me paraîtra moins dur. Je peux faire les choses une à la fois. Il n'est pas nécessaire de tout faire en même temps.
✗ C'est trop difficile de remettre les choses en ordre au travail.	✓ J'ai déjà accompli des choses plus difficiles dans le passé.
✗ Je ne veux pas m'inscrire à des séances d'activité physique.	✓ Pourtant, j'en ai déjà fait. Ce serait mieux pour moi de faire de l'exercice. Je me sentirais mieux après.
✗ Je me sens incapable de faire un appel téléphonique difficile en ce moment.	✓ Je ne le saurai pas si je n'essaie pas. Si j'attends d'être prêt, je ne le ferai jamais. Je me sentirai mieux après avoir placé l'appel.
✗ Je ne réussirai pas à faire tout ce que j'ai planifié parce que je manque de temps.	✓ Personne ne réussit à faire tout ce qu'il a planifié. Il faut penser à ce qu'on a fait et non à ce qui reste à faire.
✗ Je n'arrive pas à décider quoi faire en premier, car mes tâches sont aussi importantes les unes que les autres.	✓ Je peux choisir la première tâche selon l'ordre alphabétique. Ce qui compte, c'est de faire quelque chose. Une fois que j'aurai commencé, je saurai mieux quoi faire ensuite.

Profiter au maximum des activités

- Restez souple; évitez de devenir esclave de la routine.

- Pensez à des solutions de rechange; vous ne pourrez pas pique-niquer sous la pluie.

- Respectez votre calendrier. S'il reste du temps libre, choisissez une activité dans une liste de choses plaisantes que vous aurez dressée à l'avance.

- Planifiez des activités qui dureront 30 à 60 minutes.

- Concentrez-vous sur le temps que vous consacrerez à chaque activité plutôt que sur ce que vous pourriez faire pendant ce temps. Le but est de désherber le jardin pendant une heure, et non de ramasser 50 kilogrammes de mauvaises herbes !

- Respectez votre horaire et soyez consistant afin d'obtenir de bons résultats.

- Réévaluez votre situation. Quelles activités vous ont plu davantage ?

Pour commencer

Appliquez l'approche suivante dans le but de résoudre vos problèmes :

- Dressez une liste des choses que vous remettez à plus tard, par exemple la mise au point de la voiture ou un appel à un parent maussade.

- Classez les tâches selon leur priorité et commencez par la première. Par exemple, si votre voiture émet des sons étranges et qu'elle n'a pas vu l'ombre d'un mécanicien depuis des mois, une visite au garage devrait se trouver en haut de votre liste.

- Découpez la première tâche en étapes plus petites :

- Vérifiez votre agenda pour savoir si vous avez absolument besoin de votre voiture.

- Trouvez le numéro de téléphone de votre garage, composez-le et prenez rendez-vous.

- Si une tâche semble difficile, visualisez-vous en train de la réaliser, une étape à la fois. Ainsi, vous aurez planifié ce que vous devrez faire et dire, et réfléchi à ce que vous ferez en cas de complications.

Surmonter les difficultés

Dressez une liste des difficultés que vous envisagez ainsi que des façons de les surmonter.

- Cessez l'activité tandis que tout va bien, que vous êtes fier de vous et que vous vous sentez prêt à recommencer.

- À la fin de l'activité, indiquez immédiatement sur votre calendrier ce que vous venez d'accomplir, puis notez votre plaisir et votre sentiment de réalisation.

- Concentrez-vous sur vos réussites.

La prochaine fois

- Consultez de nouveau votre liste de priorités.

- Abordez la seconde tâche de la même façon.

POINTS CLÉS

- Une fois que vous saurez que vous vivez une réaction au stress, vous serez en mesure de déterminer les causes sous-jacentes et d'y remédier.

- Dressez une liste de vos symptômes de stress.

- Dressez une liste des causes probables de votre stress.

- Surveillez les changements dans la nature, la gravité et la durée des symptômes de stress.

- Faites attention aux pensées néfastes et imaginez des solutions pour vous en défaire.

- Mettez vos solutions à l'essai.

- La planification et les activités sont des armes puissantes contre le stress.

Moyens de défense contre le stress

Vous pouvez combattre le stress en comprenant ses causes et en apprenant à l'éviter ou s'y adapter. Chacun possède en lui-même les principaux moyens de défense contre le stress, c'est-à-dire la santé physique et la santé mentale, soit un esprit sain dans un corps sain.

Moyens de défense physiques

Vous pouvez renforcer vos moyens de défense physiques en menant une vie saine et agréable, et en prenant soin de vous.

Sommeil

En premier lieu, assurez-vous de dormir suffisamment, ce qui est plus facile si vous apprenez à vous détendre (voir les pages 60 à 65). Tout comme Shakespeare le fait dire à Macbeth, le sommeil « débrouille l'écheveau confus de nos soucis ». La quantité de sommeil nécessaire varie d'une personne à une autre, mais on peut affirmer sans se tromper qu'on a davantage besoin de dormir pendant les épisodes de stress que lorsque tout va bien. Attention, cependant, de trop dormir. Un excès de sommeil peut être aussi néfaste que le manque de sommeil. Les troubles de sommeil affligent fréquemment les personnes stressées. Ne vous souciez pas outre mesure de quelques mauvaises nuits, que vous pourrez rattraper grâce à une nuit de sommeil réparateur.

Si vous avez de la difficulté à dormir, réduisez votre consommation quotidienne de café, de thé et de boissons gazeuses caféinées. Prenez le dîner tôt et évitez de boire du café ou du thé fort en après-midi ou en soirée, à moins d'opter pour une version décaféinée.

Fatiguez-vous en pratiquant une activité physique agréable, par exemple une marche rapide ou du jardinage. Prenez un bain, puis délassez votre esprit en lisant, en regardant la télévision ou même en faisant une partie de solitaire avant de vous mettre au lit.

Ne vous laissez pas aller à ruminer vos problèmes; cela peut attendre au lendemain. Si vous n'arrivez pas à dormir, ou que vous vous réveillez au milieu de la nuit sans pouvoir vous rendormir, levez-vous, prenez une boisson (de préférence du lait chaud, et non pas du café ou du thé), faites une autre partie de solitaire ou réalisez une tâche qui ne demande pas de réflexion comme classer vos chaussettes ou ranger votre boîte à outils, puis retournez vous coucher. Ne restez pas au lit à vous inquiéter.

Évitez les somnifères, sauf pour une ou deux nuits afin de briser le cycle de l'insomnie. Les somnifères peuvent vous embrouiller les idées et avoir un effet stupéfiant au matin. Vous pourriez en outre développer une accoutumance inopportune qui causerait davantage de stress.

Alimentation et nutrition

Essayez de maintenir un poids idéal qui correspond à votre taille. Tout le monde gagne à s'alimenter saine-ment afin d'éviter les risques que représente l'obésité à la santé ainsi que l'apparition de maladies du cœur, d'hy-pertension artérielle, d'un cancer du côlon ou de diabète tardif. À l'heure actuelle, les taux d'obésité sont à la hausse et les régimes minceur à répétition peuvent être à la fois des causes et des effets du stress. Nous vantons ici les bienfaits d'une saine alimentation, mais il peut être utile de recourir à un professionnel ou à un groupe de soutien pour vous assurer de bien vous nourrir, car certains régimes autodidactes peuvent entraîner la prise de poids s'ils ne sont pas bien conçus.

La règle générale consiste à diminuer la quantité de gras et d'aliments gras que vous consommez, surtout les aliments qui contiennent des gras saturés et du cholestérol. Il faut augmenter votre apport en fibres en consommant davantage de produits céréaliers, de légumineuses ainsi que de fruits et de légumes, et réduire les glucides (sucres) et le sel. Cela peut s'avérer difficile, car pour plusieurs il s'agit déliminer des mets bien ancrés dans les habitudes, par exemple le traditionnel rosbif du dimanche avec ses pommes de terre rôties et son pudding du Yorkshire.

Ne changez pas votre alimentation de façon trop radicale; remplacez plutôt quelques aliments à la fois et adoptez-en de nouveaux au lieu d'éliminer tout ce que vous mangez qui est mauvais pour vous. Si vous avez hâte à dimanche pour déguster votre rosbif, ne vous en privez pas totalement, mais évitez les parties grasses. Changer votre alimentation doit être une expérience agréable, et non pas un supplice !

Surveillez ce que vous buvez. Du thé ou du café en grande quantité peut avoir un effet trop stimulant; un abus d'alcool nuit également à la santé. De préférence, évitez les boissons riches en sucre et en caféine.

Activité physique

Il n'y a qu'une façon de rester svelte et en forme. Tout le monde a besoin de faire de l'activité physique sur une base régulière et même, si possible, quotidienne. Une simple marche rapide d'environ 20 minutes peut suffire, mais vous pouvez en faire plus. Cela devrait tout au moins vous permettre de vous sentir plus détendu physiquement et mentalement, d'avoir un sommeil réparateur et de stimuler votre

Quel devrait être votre poids ?

- L'indice de masse corporelle (IMC) est une bonne mesure du poids santé.
- Chiffrez votre taille en mètre et votre poids en kilogrammes.
- Calculez votre IMC comme suit :

$$IMC = \frac{votre\ poids\ (en\ kilogrammes)}{votre\ taille\ (en\ mètre) \times votre\ taille\ (en\ mètre)}$$

$$p.\ ex :.\ 24,8 = \frac{70}{1,68 \times 1,68}$$

- Il est conseillé de maintenir un IMC qui oscille entre 18,5 et 24,9.
- Le tableau suivant vous aidera à évaluer votre IMC. Relevez votre taille et votre poids. Le point de rencontre des deux lignes indique votre IMC.

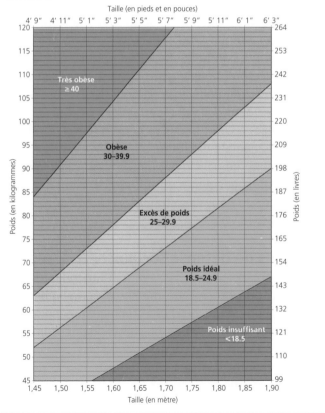

appétit. Il y a aussi des bienfaits pour la santé, comme la prévention de la maladie, une fréquence cardiaque réduite, une meilleure humeur et un plus grand bien-être, ainsi que certains avantages d'ordre social, comme créer des liens d'amitié. Ce qui compte est de choisir une activité physique qui vous plaise, ce qui est un problème pour certains.

Moyens de défense psychologiques

Une meilleure santé générale et une meilleure forme physique peuvent protéger contre les effets du stress et les atténuer. Certains événements sont stressants en soi, mais bon nombre des réactions à ces événements dépendent des attitudes, des croyances et des valeurs de chacun. L'esprit, pour sa part, possède un ensemble de mécanismes d'autodéfense qui sont décrits dans le chapitre précédent. Quoique certains de ces mécanismes soient utiles à court terme, ils peuvent devenir des obstacles à l'adaptation au stress.

Beaucoup de gens n'ont pas de stratégies d'adaptation au stress adéquates ou suffisantes. Il leur faut alors apprendre de nouvelles stratégies d'auto-formation et de maîtrise de soi.

Moyens de défense sociaux

Le soutien social, qu'il provienne d'un conjoint, d'un associé, d'un proche, de membres de la famille, de voisins, d'un groupe ou d'une communauté, peut servir de tampon contre les effets du stress. D'autres formes de soutien social constituent d'excellents moyens de défense contre le stress, comme avoir un confident, éviter l'isolement, échanger de l'information sur des stratégies d'adaptation, des conseils et de l'aide pratique

L'activité physique à votre service

Gardez les conseils suivants en tête. quelle que soit l'activité physique que vous choisissez :

- Échauffez-vous de deux à trois minutes avant de commencer l'activité, en faisant des étirements ou en courant sur place.

- Commencez votre séance graduellement sans vous épuiser. Restez toujours dans les limites du confort (fiez-vous à votre respiration) et arrêtez en cas de douleur.

- Arrêtez vos exercices et reposez-vous si vous ressentez une grande fatigue. Vous pourrez reprendre le lendemain.

- À la fin de votre séance, arrêtez graduellement et lentement afin d'éviter les raideurs.

- Planifiez des séances d'environ 20 minutes 3 fois par semaine, à une intensité qui vous fait travailler sans vous laisser à bout de souffle. C'est la meilleure façon de stimuler vos muscles et votre circulation.

(financière, par exemple), de même que pratiquer des activités sociales agréables. Par exemple, les personnes en deuil qui bénéficient d'un soutien social réagissent mieux que celles qui n'en reçoivent pas. En revanche, un soutien social trop grand, par exemple un engagement exagéré, peut nuire autant qu'un soutien insuffisant. De toute évidence, la façon dont les gens demandent de l'aide a un effet direct sur la réponse des autres.

Autoformation

Lorsque vous faites l'acquisition d'une nouvelle compétence, par exemple apprendre à conduire une voiture, votre apprentissage découle d'une combinaison d'observation et d'enseignement. Au début, une autre personne vous donne les directives à suivre. Par la suite, vous répétez la séquence d'opérations en vous rappelant les directives. Enfin, une fois la compétence assimilée, conduire la voiture devient un automatisme, vous ne pensez plus à chacun de vos gestes.

Il est possible d'appliquer un processus semblable à votre façon de penser, soit par :

- l'observation;

- l'enseignement;

- l'autoformation;

- l'automatisme.

Par exemple, supposez que vous ressentez du stress à l'idée de subir des examens ou de passer une entrevue. D'abord, avec un peu d'imagination avant l'événement, soyez attentif aux types de pensées qui surgissent lorsque le stress se manifeste. Que vous dites-vous ?

Peut-être : « Mon Dieu, que puis-je dire ? » « J'ai hâte que ce soit terminé. » « Je n'aurais jamais dû me lancer dans cette aventure. » « Encore deux heures… » « Ils doivent me prendre pour un idiot. »

Par la suite, vous pouvez dresser une liste de pensées pratiques et positives qui seraient plus utiles. Par exemple : « Aussi bien commencer… » plutôt que « Je suis très nerveux. » ou encore « Voici les principales choses dont je veux parler. » au lieu de « Je ne sais pas ce qu'ils veulent. »

Enfin, pendant l'événement, aidez-vous positivement à l'aide des pensées utiles que vous avez élaborées au préalable au lieu de perdre votre temps ou votre énergie en panique ou de ruminer des idées noires. Avec le temps, ce processus devient un automatisme.

Maîtrise de soi

Le sentiment d'avoir une certaine maîtrise sur les événements réduit le stress. Bien sûr, il y a des choses qu'on ne peut pas contrôler, mais il y a en général un aspect du problème qu'on peut tourner à son avantage, ce qui diminue la détresse à l'origine du stress.

Les techniques de maîtrise de soi peuvent être des plus utiles pour modifier des aspects particuliers de votre comportement ou de votre réaction face à certaines personnes ou à certaines situations.

En premier lieu, analysez attentivement le comportement problématique, par exemple toujours être en colère contre Pierre au travail, ou toujours être irritable quand vous prenez le petit déjeuner en famille, ou manquer à tout coup l'autobus ou le train parce que vous quittez la maison trop tard. Tenez un journal de tous ces événements.

Pensez ensuite à des façons de modifier ce comportement. Par exemple, prendre une grande respiration, puis demander à Pierre si vous pouvez l'aider; vous efforcer à dire quelque chose d'agréable au petit déjeuner; ou quitter la maison plus tôt, ce qui vous permettra d'arriver à temps pour prendre l'autobus ou le train.

L'étape suivante du développement de la maîtrise de soi consiste en une récompense. Choisissez une récompense agréable que vous vous accorderez chaque fois que vous réussirez à changer votre comportement et que vous atteindrez votre objectif. Ainsi, offrez-vous un petit cadeau si vous parvenez à prendre l'autobus ou le train pendant une semaine entière sans avoir à courir et à vous presser !

Relaxation

La relaxation est une technique utile à mettre en pratique lorsque vous ressentez du stress. Elle permet de réduire l'angoisse et produit des changements physiologiques positifs – par exemple une tension musculaire et une tension artérielle réduites. En outre, elle favorise le sommeil lorsque vous la pratiquez avant d'aller dormir.

Il existe de nombreuses techniques de relaxation, dont l'une des plus populaires est décrite aux pages 62 à 63. Lisez les directives et familiarisez-vous avec avant de les mettre en pratique. Il est possible d'emprunter une cassette ou une vidéo de relaxation dans certaines cliniques et bibliothèques. Vous devrez faire preuve de patience et procéder à plusieurs séances avant d'en ressentir tous les bienfaits. Les personnes plus nerveuses peuvent mettre du temps à apprendre à se détendre.

Au début, pratiquez la relaxation trois ou quatre fois par jour, pendant 30 minutes chaque fois. À mesure que vous vous sentez mieux, réduisez graduellement la « dose » à une fois par jour. Si le stress revient, augmentez la dose !

Avantages de la pratique régulière de la relaxation

- Améliore le sommeil.

- Améliore les performances physiques et mentales.

- Combat la fatigue.

- Réduit l'angoisse et la tension.

- Ne crée pas d'accoutumance.

Préparation à la relaxation

Avant d'entreprendre une séance de relaxation, vous devez vous assurer que votre esprit, votre corps et votre environnement sont réceptifs. Les étapes qui suivent vous aideront à vous préparer.

- Assoyez-vous dans un fauteuil confortable ou mieux encore, allongez-vous dans une pièce agréable, paisible et chaleureuse à l'abri de toute interruption.

- Si vous êtes assis, retirez vos chaussures, allongez vos jambes sans les croiser et posez vos bras sur les bras du fauteuil.

- Si vous êtes couché, restez étendu sur le dos avec vos bras le long du corps. Au besoin, mettez un oreiller sous votre tête.

- Fermez les yeux et concentrez-vous sur votre corps. Surveillez votre respiration et ressentez les sites de tension musculaire. Assurez-vous d'être à l'aise.

Technique de relaxation

Après cinq à dix minutes de respiration profonde (décrite à la page 64), effectuez les étapes ci-dessous. Contractez chaque partie de votre corps pendant une inspiration, maintenez la contraction et retenez votre souffle pendant 10 secondes, puis relâchez vos muscles tout en expirant.

Pour estimer la durée de 10 secondes, comptez « cent un, cent deux », et ainsi de suite.

Technique de relaxation

1 Pliez les orteils et poussez vers le bas avec les pieds.

2 Poussez vers le bas avec les talons et fléchissez les pieds vers vous.

3 Contractez les muscles des mollets.

4 Contractez les muscles des cuisses, avec les genoux dépliés et les jambes raides.

5 Contractez les muscles des fesses.

6 Contractez les muscles de l'abdomen comme si vous receviez un coup de poing.

7 Pliez les coudes et contractez les muscles des bras.

8 Voûtez les épaules et enfoncez la tête sur le dossier ou l'oreiller.

9 Serrez les mâchoires, froncez les sourcils et fermez les yeux.

10 Contractez tous les muscles à la fois.

11 Détendez-vous après 10 secondes.

12 Fermez les yeux.

13 Après les étapes 1 à 11, continuez de respirer profondément et tentez de visualiser une rose blanche sur un fond noir. Essayez de voir le plus de détails possible pendant 30 secondes.

Techniques de relaxation (suite)

Ne retenez pas votre souffle pendant ce temps; maintenez une respiration régulière.

14 Refaites l'étape 13 en visualisant un objet paisible de votre choix.

15 Enfin, donnez-vous l'ordre qu'en ouvrant les yeux, vous serez tout à fait détendu et alerte.

16 Ouvrez les yeux.

17 Répétez les étapes 1 à 16 de 5 à 10 fois.

Une fois que vous connaîtrez bien la technique, vous pourrez l'utiliser même si vous ne disposez que de quelques minutes en laissant quelques muscles de côté. Toutefois, procédez toujours des pieds vers le haut. Par exemple, faites les étapes 1, 4, 6, 8 et 10.

Respiration et relaxation

Il est essentiel de bien respirer afin de se relaxer. Suivez les étapes suivantes afin d'améliorer votre technique de respiration.

- Laissez tomber vos épaules et votre mâchoire.

- Inspirez lentement et profondément par le nez, puis expirez par la bouche. Laissez votre abdomen se gonfler lors de l'inspiration, puis votre cage thoracique, afin de faire entrer le plus d'air possible dans vos poumons.

- Retenez votre souffle de trois à six secondes, puis expirez lentement en détendant votre cage thoracique et votre abdomen. Vous viderez alors complètement vos poumons.

- Ne forcez rien; l'exercice deviendra plus facile avec la pratique.

- Maintenez une respiration lente, profonde et égale durant toute la séance de relaxation.

- Rappelez-vous de respirer profondément et prenez conscience des sensations de bien-être physique et de lourdeur qui accompagnent la détente.

Un ensemble

Utilisez un ensemble de techniques de gestion du stress dans votre vie de tous les jours qui combine le suivi des symptômes physiques et psychologiques du stress, l'autoformation, la respiration profonde et la relaxation comme moyen rapide de contrôler le stress.

Par exemple, collez un point rouge au centre de votre montre pour vous souvenir d'inscrire dans votre journal vos tensions physiques et les pensées qui causent du stress au cours de la journée.

Posez-vous des défis (par exemple dites-vous « cesse de te tourmenter ») ou au moins, échappez-vous dans la relaxation en vous répétant de vous détendre et en prenant une grande inspiration, en la retenant de trois à six secondes, puis en expirant lentement. Ce faisant, mettez en pratique votre technique de relaxation.

POINTS CLÉS

- Vous pouvez combattre le stress si vous en comprenez les causes.

- La bonne forme physique et psychologique est l'un des meilleurs moyens de défense contre le stress.

- Un mode de vie sain, un sommeil adéquat, une alimentation équilibrée et de l'activité physique régulière favorisent une bonne forme physique, psychologique et sociale.

- La capacité psychologique à gérer le stress augmente avec l'autoformation et la maîtrise de soi.

- Les techniques de relaxation sont efficaces durant les épisodes de stress.

S'aider soi-même

Beaucoup de gens développent leurs propres façons de gérer leur stress sans avoir recours à des médecins ou à des professionnels de la santé.

Il faut vous poser les questions suivantes :

- « Y a-t-il quelque chose que je peux faire pour me sentir mieux lorsque je me sens stressé ? » Si oui, continuez à le faire (à l'exception de la consommation d'alcool et de drogues).

- « Y a-t-il quelque chose que je fais qui empire mon stress ? » La règle générale est d'éviter cette réaction si possible.

- « Y a-t-il quelque chose qui pourrait m'aider si je pouvais le faire ? » Faites-en l'essai si vous le pouvez.

Affronter les problèmes

En plus de prendre soin de vous, une approche de résolution de problèmes peut vous aider à définir ce qui cause votre stress et à établir un plan pour le mieux le maîtriser. Bien que cette approche ne résolve pas tous les stress, elle devrait vous habiliter à mieux les gérer, réduisant leur effet de manière générale.

Repousser les pensées négatives

Le manque de moral et les pensées négatives tendent à attirer votre attention sur ce que vous n'aimez pas chez vous ou dans votre vie. Ils grossissent les problèmes, les faisant paraître insurmontables, en plus d'accentuer votre malaise.

Bien qu'il s'avère difficile d'oublier ces pensées négatives, cela peut vous aider de décider consciemment de ne pas y penser et d'occuper votre esprit à quelque chose de plus agréable. Pour ce faire, utilisez une ou plusieurs des stratégies suivantes :

- concentrez-vous sur ce qui se passe autour de vous, comme des conversations, le nombre d'objets bleus dans la pièce, ou toute autre chose qui peut retenir votre attention;

- adonnez-vous aux activités d'ordre intellectuel que vous aimez, telles que le calcul mental, les jeux, les casse-tête, les mots croisés et la lecture;

- faites une activité physique qui vous tiendra occupé, comme la marche, les tâches ménagères ou une excursion.

Stratégies pour repousser les pensées négatives

Les pensées négatives peuvent vous amener à sous-estimer vos forces et votre capacité de résoudre des problèmes. Diverses stratégies peuvent vous aider à mieux voir les choses telles qu'elles sont. Demandez à un ami ou à un proche de vous aider à y voir plus clair.

- Dressez une liste de vos trois plus grandes qualités, peut-être avec l'aide d'un ami ou d'un proche. Par exemple, les gens peuvent dire que vous êtes une personne généreuse, affectueuse et fiable.

- Gardez cette liste sur vous. Lisez-la trois fois lorsque des pensées négatives vous envahissent.

- Tenez un journal quotidien des petits événements agréables qui vous arrivent et racontez-les à un ami.

- Souvenez-vous des moments agréables du passé et planifiez-en d'autres à l'aide d'un ami, si possible.

- Évitez de parler de vous-même en mal. Il est inutile de broyer du noir à votre sujet. Soyez constructif et attaquez-vous à vos vrais problèmes.

- Demandez à vos amis de vous interrompre poliment quand vous tenez des propos négatifs et de vous ramener vers des idées positives.

- Recherchez toujours une seconde explication à des événements ou à des pensées désagréables au lieu de vous blâmer automatiquement.

- Gardez votre esprit alerte en planifiant, puis en effectuant des activités constructives. Évitez de rester assis ou allongé à ne rien faire.

Symptômes physiques du stress

Le stress est presque toujours accompagné des symptômes de l'angoisse, de la tension, de l'inquiétude ou de la nervosité tels que la tension musculaire, les tremblements, les sueurs froides, les papillons dans l'estomac, une respiration superficielle rapide ainsi qu'une fréquence cardiaque irrégulière ou accélérée. Ces réactions peuvent se déclencher du fait de se retrouver dans un espace fermé, dans un supermarché achalandé ou lors d'une rencontre entre amis.

À d'autres moments, des pensées négatives, comme la peur de la mort ou d'un échec au travail, peuvent provoquer des sentiments d'angoisse ou de panique.

Crises de panique

Il est presque toujours possible de déterminer les situations ou les pensées qui provoquent les crises de panique. Rappelez-vous que l'angoisse n'est pas nuisible et qu'elle disparaît toujours après un certain temps.

- Attendez quelques minutes et la crise se dissipera.

- Faites l'essai de l'une des stratégies proposées aux pages 70 à 73. Servez-vous-en dès que vous ressentez de la panique.

- Il peut être utile de prendre d'abord une bonne respiration, puis de ralentir et de respirer profondément.

- Essayez de vous distraire en vous concentrant sur des choses agréables. Vous cesserez ainsi d'alimenter votre panique.

- À mesure que la crise de panique s'estompe, prévoyez une activité agréable à faire ensuite.

Stratégies pour oublier les soucis

S'inquiéter est une activité peu constructive et qui ne résout rien. Voici trois stratégies pour contrer l'inquiétude.

1. Résolution de problèmes

Tirez profit de votre inquiétude. Au lieu de sans cesse remâcher vos problèmes, retenez-en un ou deux que vous jugez plus importants et élaborez un plan afin de les résoudre (il peut être utile de demander l'aide d'un ami). Prenez un crayon et une feuille de papier, puis réalisez les étapes suivantes par écrit.

- Définissez le problème avec exactitude.

- Dressez une liste de cinq ou six solutions possibles; écrivez toutes les idées qui vous viennent en tête, pas seulement les « bonnes ».

- Pesez le pour et le contre de chaque idée.

- Choisissez la solution qui vous convient le mieux.

- Déterminez les étapes à suivre pour appliquer la solution retenue.

- Évaluez vos résultats après avoir mis votre plan à l'essai (félicitez-vous de tous vos efforts).

- Si votre solution n'a pas fonctionné, faites-en l'essai d'une autre.

2. Retour sur une mauvaise expérience

- Dressez une liste de tous les détails de l'expérience : « Je transpire… les poils de mes bras se dressent… mon cœur bat la chamade… j'ai les jambes molles… je vais n'évanouir… ». Notez tous ces signes ressentis sur une fiche.

- Convainquez-vous de supporter ces sentiments désagréables. Reconnaissez exactement ce que vous ressentez et dites-vous que vos sentiments vont atteindre un sommet, puis se calmer.

- Redéfinissez votre expérience : imaginez que vous êtes en pleine compétition sportive, telle que la finale de la Coupe du monde de football ou la finale du tournoi de tennis de Wimbledon, et que c'est ce qui explique votre fréquence cardiaque accélérée, votre respiration rapide et votre nervosité.

- Imaginez des catastrophes en visualisant le pire des scénarios comme vous évanouir, crier, déchirer vos vêtements, être malade ou incontinent, entre autres.

- Déterminez précisément ce que vous feriez si cela se produisait. La prochaine fois, il vous sera un peu plus facile de gérer ces sentiments. Avec le temps et la répétition, vous en viendrez à contrôler et à surmonter votre inquiétude.

3. Exercices de relaxation (pages 60 à 65)

De nouveaux intérêts

- Fixez-vous des objectifs pour vos activités quotidiennes, par exemple, vous lever à neuf heures, rencontrer un ami, lire un article dans le journal.

- Établissez un programme complet d'activités constructives pour la journée, une chose à la fois.

- Évitez de comparer vos activités et vos intérêts avec ceux du passé. Concentrez-vous sur le moment présent et sur l'avenir.

- Il ne faut pas abandonner si une tâche vous semble trop difficile. Découpez-la en petites étapes faciles et recommencez plus lentement.

- Surtout, récompensez tous vos efforts.

- Invitez vos proches à vous encourager et à vous féliciter lorsque vous franchissez des étapes.

Gérer les symptômes du stress

Perte de l'appétit

Votre appétit, sans disparaître nécessairement, peut varier. Le cortisol (une hormone de stress) stimule la dégradation du gras et des glucides en vue de fournir de l'énergie rapidement, en plus de favoriser la libération d'insuline et de maintenir les taux de glucose sanguin. Il en résulte une augmentation de l'appétit. Par conséquent, votre appétit peut aussi bien diminuer qu'augmenter durant un épisode de stress.

- Consommez en petites portions les aliments que vous aimez.

- Mangez lentement.

- Évitez temporairement les situations où vous vous sentez obligé de vider votre assiette.

- Buvez beaucoup de liquides, surtout de l'eau et des jus de fruits.

- La perte de poids peut être un indicateur majeur de votre niveau de stress. Consultez donc votre médecin si vous continuez de perdre du poids.

Perte de la libido

Le stress est souvent responsable d'une diminution du désir sexuel, ce qui peut engendrer un sentiment de détresse.

Le problème ne durera pas, mais, entre temps, essayez d'apprécier les aspects de votre relation sexuelle qui sont toujours agréables. Vous pouvez expliquer à votre partenaire que cette baisse d'intérêt et d'affection est un symptôme temporaire du stress, et non pas un rejet de sa personne.

Si votre libido ne semble pas reprendre après quelques semaines, parlez-en à un médecin, à un conseiller ou à un confident. Les choses peuvent s'améliorer avec de l'aide.

Rechutes

Tout le monde peut faire une rechute. Il faut s'y attendre et garder en tête vos objectifs à long terme. Afin de limiter votre déception, comparez une rechute à descendre d'un seul barreau dans l'échelle, au lieu de vous retrouver au sol. Il peut être utile :

- d'envisager le problème d'une autre façon;

- d'affronter le problème par petites étapes;

- de continuer de vous exercer, car vos efforts vous permettront un jour de surmonter les difficultés;

- de vous rappeler que vous avez plus de chances de réussir si vous rendez vos activités ou vos récompenses des plus agréables.

Les amis

Au début, il est courant de penser qu'il n'y a aucune amélioration et de sous-estimer ses réalisations. C'est donc une bonne idée de demander à un membre de la famille ou à un ami de vous donner l'heure juste quant à vos progrès et de vous encourager à continuer.

Un journal de stress

Un simple journal quotidien ou hebdomadaire vous permettra de suivre vos progrès. Les premiers signes sont habituellement minimes, souvent à peine visibles, mais le fait de tout écrire vous permettra de comprendre ce qui se passe. Il ne faut pas vous fier uniquement à votre mémoire, car la plupart des gens se rappellent davantage leurs rechutes que leurs progrès. Ici encore, il est utile d'obtenir l'opinion honnête d'une autre personne en regard de vos progrès.

Tenir un journal de stress

Le journal de stress est un outil important qui vous aidera à gérer votre stress. Effectuez les étapes suivantes :

- Notez un événement.
- Évaluez-vous sur 10 (10 étant la meilleure note) chaque jour ou chaque semaine.
- Écrivez toutes vos réussites, petites ou grandes.
- Indiquez la technique d'autoassistance que vous avez utilisée, le but que vous vous étiez fixé et si vous faisiez des essais régulièrement.
- Indiquez les pensées ou les actions que vous n'avez pas évitées.
- Écrivez ce que vous avez fait pour vous divertir.
- Relisez votre journal toutes les semaines afin d'évaluer vos progrès et de vous fixer un nouvel objectif pour la semaine suivante.

POINTS CLÉS

- Beaucoup de personnes développent leurs propres façons de gérer le stress.

- L'angoisse disparaît toujours après quelque temps.

- L'inquiétude est une activité peu constructive qui ne résout rien.

- Affrontez vos problèmes et imaginez des solutions pour les régler.

- Tout le monde fait des rechutes, et il est possible de les surmonter.

Aide et soutien

Amis et famille

Le soutien de la famille et des amis peut faciliter la gestion du stress. En fait, le fait de ne pas avoir de proches vers qui se tourner peut devenir une source de stress ou empirer un stress existant.

Votre stress peut s'amplifier si, par exemple, un événement récent vous angoisse, tel que l'accumulation de dettes ou la perspective de perdre votre emploi, ou si vous n'avez personne à qui confier vos craintes.

Il est facile de penser que les gens qui vous entourent ne s'inquiètent pas autant que vous, qu'il n'y a pas moyen d'échapper à la pression et que personne ne s'intéresse à votre situation. Vous pouvez même imaginer que personne ne peut comprendre ou n'a vécu une angoisse telle que la vôtre face à un problème aussi courant et, de là, mettre votre difficulté à supporter la situation sur le compte d'une faiblesse qu'il est préférable de mieux cacher.

Les bons amis et les personnes aimantes aident à contrer le stress. Une vie de famille stable ou un climat de travail serein procurent du soutien. Ces lieux de refuge vous permettent de respirer et de résoudre vous-même le problème qui cause tout ce stress.

Le fait d'avoir une personne à qui se confier constitue un formidable atout – une personne qui sait vous écouter et qui peut, si vous le souhaitez, vous soutenir moralement, vous donner des conseils pratiques ou, simplement, vous tenir compagnie en vue de vous changer les idées.

Parler de votre problème à une personne quelconque vous permet de le voir plus clairement, de dédramatiser les choses, d'explorer toutes les solutions possibles, puis de confronter les causes de votre stress et d'apprendre à y remédier.

Sentiment d'isolement

Malheureusement, bien des gens n'ont pas (ou pensent qu'ils n'ont pas) de parents proches ou de bons amis vers qui se tourner. La solitude et l'isolement sont des situations auxquelles il est difficile d'échapper; la crainte du rejet peut vous empêcher de vous lier d'amitié. Le plus important est de reconnaître le besoin d'obtenir de l'aide et de ne pas le voir comme un échec ou une source de honte. Si vous avez une grande famille ou un réseau social étendu, il vous revient d'apprendre à accepter l'aide de vos proches en vue de mieux gérer votre stress.

Par ailleurs, si l'isolement représente une grande part du problème, vous pourriez essayer d'agrandir votre réseau social en offrant votre amitié et votre aide à quelques personnes qui vous les rendront. Vos efforts pour vous faire de nouveaux amis seront par ailleurs très avantageux, surtout si pour ce faire vous suivez des cours, pratiquez un sport, faites du bénévolat ou avez des activités politiques.

Aucune de ces étapes n'est facile. Pour y arriver, vous devrez vous obliger à aller vers les autres, à vous montrer ouvert et réceptif, à demeurer optimiste et à faire preuve

de résilience en cas de difficultés. En retour, avec le temps, vous en retirerez des bienfaits. N'oubliez pas que beaucoup d'autres personnes se sentent tout aussi seules et ont autant à donner que vous : pour les trouver, vous devez sortir de votre coquille.

Qui peut vous aider à gérer votre stress ?

Obtenez de l'aide le plus vite possible si vous ne réussissez pas à gérer votre stress. L'aide fonctionne le mieux lorsqu'elle arrive tôt. Le simple fait de chercher de l'aide ou de parler de vos problèmes avec vos proches peut même contribuer à vous soulager.

Aide professionnelle

Il est possible d'obtenir de l'aide professionnelle sur trois plans : médical, psychologique et social. D'un point de vue pratique, ces trois aspects sont souvent traités en interdisciplinarité par les professionnels de la santé. En revanche, seuls les médecins sont autorisés à prescrire des médicaments.

Les omnipraticiens jouent un rôle d'une grande importance. Ces personnes doivent posséder des qualités telles que l'acceptation, la chaleur humaine, l'authenticité, l'empathie, la tolérance, la fiabilité, la permanence et un intérêt pour la personne qui les amène à tenir compte de tous leurs problèmes, même ceux qui semblent mineurs.

Votre omnipraticien

L'omnipraticien est la première personne vers qui bon nombre de personnes souffrant de stress se tournent, surtout celles qui n'ont personne à qui parler. Les médecins s'occupent de tous les aspects de la vie qui touchent

la santé mais, comme d'autres, ils ne réagissent pas tous de la même façon lorsqu'il s'agit de traiter les réactions au stress.

La plupart des omnipraticiens préfèrent traiter les cas de stress au moyen d'une consultation psychologique ou en donnant des conseils. Toutefois, le fait de prêter une oreille attentive aux patients tandis qu'ils décrivent en détail les circonstances à l'origine de leur stress aide ces personnes à mettre leur situation en perspective ainsi qu'à faire des ajustements nécessaires, et à prendre des décisions éclairées.

Le médecin peut procéder à un examen complet et, dans certains cas, commander des analyses sanguines. Les symptômes du stress peuvent vous affliger et vous faire craindre une maladie. Il est alors rassurant de savoir que vous êtes en bonne santé et que votre organisme fonctionne normalement, même sous tension.

Quel qu'en soit le résultat, un rendez-vous avec votre omnipraticien est une bonne occasion de discuter de méthodes pour réduire votre stress et d'obtenir de l'information au sujet de l'aide et des ressources offertes.

Services de santé mentale

L'omnipraticien est en général la première personne à laquelle les personnes souffrant de stress font appel. À beaucoup d'endroits, seul l'omnipraticien est en mesure d'envoyer des patients vers des spécialistes. Il arrive que les spécialistes acceptent de voir un patient sans lettre d'adresse d'un omnipraticien, mais ils souhaitent généralement tenir ce dernier au courant de leur intervention. Si vous voulez rencontrer un spécialiste mais que vous ne pouvez pas obtenir de recommandation médicale, communiquez avec votre hôpital régional pour savoir si vous pouvez rencontrer un spécialiste.

Ressources

Vous avez peut-être d'autres problèmes graves outre la solitude et l'isolement. Il existe à certains endroits des organisations qui peuvent vous venir en aide, vous conseiller ou vous orienter vers d'autres ressources à l'extérieur du système hospitalier.

Les babillards des bibliothèques sont souvent une excellente source d'information à propos des organismes de soutien de la région. Votre bibliothèque dispose peut-être aussi d'un répertoire de ces organismes.

Le but ultime est d'arriver à déterminer la source du stress dans votre vie, à décider du type de soutien que vous souhaitez recevoir et à obtenir l'aide de personnes ou d'agences en qui vous avez confiance. Rappelez-vous que les personnes à qui vous ferez appel ont, comme vous, des forces et des faiblesses. Si vous constatez qu'une approche ne donne pas le résultat recherché, parlez-en, vérifiez s'il est possible d'y apporter des changements et, dans le cas contraire, tournez-vous vers quelqu'un d'autre.

Ne vous découragez pas si la première option n'apporte pas la solution souhaitée à votre problème. Continuez d'essayer.

Bénévoles

Les bénévoles de centres d'écoute téléphonique vous écouteront avec une grande empathie; ils vous procureront de l'information et vous donneront des conseils.

Corps religieux

Bon nombre de personnes stressées se tournent naturellement vers la religion afin de trouver à la fois réconfort et soutien spirituel. Pour les croyants, la force d'une foi partagée, le sentiment d'appartenance et un but commun permettent de surmonter l'adversité et la baisse de moral. Les ministres des diverses religions ont souvent une grande expérience en relation d'aide et sont disposés à discuter et à offrir leur soutien.

Soutien et consultation psychologique

Les omnipraticiens et la plupart des professionnels de la santé sont souvent appelés à fournir un soutien émotif, à donner des conseils et à procurer une assistance psychologique afin d'encourager leurs patients, de les rassurer et de faire preuve d'empathie.

C'est probablement là la forme d'aide la plus courante et la plus efficace qui soit. Dans bien des cas, l'écoute fait davantage que les conseils, attendu qu'elle ne se limite pas à entendre les paroles prononcées, mais tient compte des sentiments ainsi révélés.

• Un bon thérapeute devrait vous permettre d'exprimer vos vraies émotions et vous rassurer sur le fait qu'elles sont tout à fait « normales ». Parfois, une main sur l'épaule fait plus de bien que les mots.

- Il doit prendre en compte les sentiments de colère et de culpabilité, même irrationnels.

- Vous pouvez décrire en détail vos sentiments et les événements qui ont déclenché la crise.

- Vous pouvez vérifier l'authenticité des moments décrits.

- Vous pouvez analyser leurs conséquences.

- Vous pouvez trouver un encouragement à suivre un nouveau chemin.

Faites attention, toutefois, d'attribuer tous vos problèmes à votre stress et de devenir dépendant des thérapeutes.

Qu'est-ce que la consultation thérapeutique ?

Votre médecin ou un organisme de soutien peuvent vous conseiller dans le choix d'un thérapeute.

Les techniques varient, mais il demeure que les qualités principales d'un bon thérapeute sont la chaleur humaine, la compréhension et la sincérité. Vous devez aussi sentir que vous pouvez établir des liens avec cette personne. Les rencontres peuvent s'échelonner sur une base régulière pendant quelques semaines, voire mois.

Réconfort

Le réconfort est sans doute la forme de consultation la plus dispensée. Du réconfort apporté sans conviction est rarement utile, mais l'écoute attentive permet de déterminer la source principale de stress. Le réconfort peut alors prendre la forme de « nouvelle » information venant réduire le niveau de stress, une fois exprimée sous une forme facile à comprendre et à mémoriser.

Thérapie béhavioriste

La thérapie béhavioriste a pour but de modifier le comportement. Son objet principal est de résoudre une difficulté ou de soulager un symptôme en étudiant les schémas de comportement qui ont mené au problème, puis en modifiant les réactions par l'apprentissage de nouvelles stratégies. Elle met l'accent sur l'action plutôt que sur les paroles.

Ainsi, les personnes qui ont des troubles relationnels (en raison de gêne ou de timidité, par exemple) peuvent acquérir de nouvelles habiletés sociales grâce au béhaviorisme. En premier lieu, après avoir observé et analysé votre comportement, le thérapeute vous décrit ses effets sur les personnes qui vous entourent, parfois en vous montrant une vidéo.

Une fois que vous avez déterminé ce qui ne fonctionne pas, il peut vous enseigner de nouveaux comportements plus efficaces et vous inviter à les mettre en œuvre dans des jeux de rôles. Ou encore, il peut vous demander de vous mettre dans la peau d'une personne avec qui vous avez des relations difficiles afin de vous amener à constater les effets de vos schémas de comportement d'un autre point de vue.

Thérapie rationnelle-émotive

La thérapie rationnelle-émotive examine la façon dont « on s'inquiète de s'inquiéter ». Elle consiste entre autres à déterminer les façons irrationnelles d'envisager les problèmes, puis contribue à les remplacer par d'autres approches de résolution moins stressantes.

Thérapie centrée sur la personne

Ce type de thérapie (basé sur le travail de Carl Rogers) s'appuie sur une approche non directive et vise plutôt à aider la personne à définir ce qu'elle veut et à déterminer la meilleure façon de l'obtenir. Par son écoute, le thérapeute permet à la personne de mieux se comprendre elle-même, l'aide à reformuler ses pensées et ses sentiments, l'amène à raconter ses expériences et en discute avec elle.

Thérapie humaniste

La thérapie humaniste touche la « croissance personnelle » et aide la personne à réaliser son plein potentiel. Les thérapeutes humanistes proposent des groupes de rencontre, une thérapie personnelle, des massages, de la méditation, de la danse, une consultation mixte et toute autre méthode qui peut aider les personnes souffrant de stress à voir plus clair et à se sentir mieux. Cette technique vise la santé et le bien-être en considérant la personne comme un tout.

Psychothérapie

Tout traitement n'ayant pas recours à des médicaments ou à des interventions physiques peut porter le nom de psychothérapie. Le dialogue est l'outil principal. Ce sont les idées qui sous-tendent la thérapie, son déroulement et la nature de la relation qui se développe entre le thérapeute et le patient qui distinguent les divers types de psychothérapie.

Certaines écoles mettent l'accent sur l'importance de la perte (d'un proche, d'objets précieux ou d'idées chères); d'autres affirment que l'être humain a une tendance innée à s'attacher, créant des liens à la fois émotionnels et sociaux qui lui permettent d'obtenir chaleur, soins et protection. La destruction de ces liens peut rendre les gens vulnérables au stress.

Cette notion d'attachement constitue une base pour comprendre le développement de la personnalité et pour mettre au point des stratégies afin de combler les manques dus à un attachement inexistant ou inadéquat durant l'enfance.

Les liens d'attachement très étroits semblent prendre davantage d'importance lorsqu'une personne fait face à l'adversité et au stress.

Le psychothérapeute, selon l'approche qu'il choisit, peut aider la personne à exprimer sa colère et son hostilité d'une façon acceptable. Ou encore, il peut examiner ses relations personnelles actuelles afin de l'aider à comprendre leur évolution en fonction des figures d'attachement de l'enfance, de l'adolescence et de la vie adulte.

Psychothérapie et relations affectives

L'approche psychothérapeutique repose sur diverses théories qui considèrent les problèmes dans les relations personnelles comme des facteurs importants du stress et de la dépression. En particulier, mentionnons les problèmes suivants :

- une perte ou un deuil;

- des conflits relatifs aux rôles (surtout les rôles d'époux ou d'épouse);

- les transitions (devenir mère, vivre un divorce);

- l'absence d'une relation intime ou de confiance.

Essentiellement, la psychothérapie cherche à déterminer les problèmes qui touchent vos relations les plus intimes et envisage de nouvelles façons de voir les choses et de se comporter.

La conversation entre le thérapeute et le patient doit porter sur :

- les émotions générées par des relations intimes, y compris la chaleur, la colère, la confiance, l'envie ou la jalousie;

- les relations familiales;

- les amitiés;

- le travail;

- les attitudes et le comportement avec l'entourage ou dans la communauté.

Quels sont les défauts de la psychothérapie ?

Beaucoup de gens supposent qu'une forme quelconque de psychothérapie pourrait leur convenir. La psychothérapie, en particulier la psychanalyse qui peut durer plusieurs années, est souvent longue, intensive et coûteuse. En outre, on n'y a pas accès partout. Il est très difficile de juger de son efficacité, qu'elle soit dispensée

individuellement ou en groupe. Pour ces raisons, et parce qu'il est possible que certaines personnes éprouvent un plus grand malaise et un stress accru après le traitement, on considère que la psychothérapie ne convient pas à la plupart des gens.

Changer sa façon de penser

Votre thérapeute peut vous aider à choisir des gestes à poser afin de modifier votre vision négative des choses; c'est ce qu'on appelle « apprendre par l'expérience ». Il ne suffit pas qu'on vous dise de penser autrement; il est essentiel de reconnaître et de modifier le processus de raisonnement qui vous a conduit à de fausses conclusions pour ne pas répéter vos erreurs à l'avenir.

Même si le thérapeute « cognitif » porte une attention particulière aux pensées néfastes qui précèdent un changement d'humeur ou l'apparition du stress, il doit aussi tenir compte des suppositions persistantes qu'une personne a en regard du monde, car c'est de ces suppositions que proviennent les pensées néfastes.

Première étape

La première chose à faire consiste à prendre conscience de vos pensées néfastes et à reconnaître le lien entre elles et votre état émotif. Le thérapeute peut vous aider à reconnaître ces pensées pendant une séance, par exemple en vous invitant à revivre un épisode stressant au moyen d'un jeu de rôles.

Deuxième étape

La deuxième étape consiste à développer différentes façons d'interpréter les événements. Par exemple, le thérapeute peut vous inciter à prendre du recul vis-à-vis

d'un problème afin de l'examiner de manière plus objective. Il peut vous proposer diverses idées et vous demander d'évaluer leur justesse.

Dès que vous serez en mesure d'envisager différentes façons d'interpréter les événements, le thérapeute pourra vous inviter à tenir un journal quotidien de vos sentiments stressants et des idées qui les accompagnent. Il pourra vous demander d'y réfléchir d'abord avec vos pensées néfastes, puis de trouver vous-même d'autres interprétations durant vos moments de stress.

Troisième étape

La troisième étape du processus consiste à vous amener à mettre à l'épreuve de façon systématique vos croyances et vos attitudes associées aux sentiments de stress. Le thérapeute vous aidera à voir par expérience

Résolution de problèmes

Les étapes suivantes peuvent vous aider à résoudre un problème :

- Définir le problème.
- Diviser le problème en problèmes plus simples.
- Proposer des solutions.
- Choisir la meilleure solution.
- Mettre en œuvre les solutions possibles et vérifier les résultats.

dans quelle mesure vos croyances sont vraies au lieu de considérer des idées comme des faits.

À mesure que vous irez mieux et que vous connaîtrez mieux l'approche cognitive, le traitement visera à examiner vos suppositions persistantes sur le monde, car on suppose qu'elles sont à l'origine des modes de pensée

néfastes. Si vous ne reconnaissez pas ni ne modifiez ces suppositions, vous souffrirez de nouveau de stress à l'avenir. Comme ces croyances font partie de vous depuis votre plus jeune âge, il est très difficile de les changer. Il n'y a pas de façon facile de mettre en évidence ces suppositions, mais il est utile de déterminer les sources récurrentes de stress dans votre vie. Le meilleur moyen de briser ce moule est de vous pousser à agir à l'encontre de vos suppositions persistantes.

Ce genre de traitement requiert environ quinze séances échelonnées sur une période de trois mois à raison de deux séances par semaine le premier mois, puis de séances hebdomadaires ensuite.

Approches sociales pour la gestion du stress

Ces approches englobent les efforts déployés en vue d'améliorer le bien-être de la personne en modifiant des aspects de sa vie sociale, notamment en regard des relations familiales, de l'éducation des enfants, du travail et des loisirs. D'après cette définition, à peu près tous les traitements sont des approches sociales, même consulter son omnipraticien.

À la base, prendre congé, s'absenter du travail et pratiquer de nouvelles activités sont des moyens sociaux importants d'essayer de soulager le stress. Les études, le sport, la musique, les arts, la nature, la science et la religion fournissent beaucoup d'occasions de rencontres sociales qui peuvent vous aider à vous sentir mieux.

Thérapie familiale

D'autres formes de thérapie plus complexes insistent fortement sur l'aspect social. La thérapie familiale traite la personne à l'intérieur de sa famille. Cela ne signifie pas qu'on considère la famille comme responsable du stress de la personne, bien qu'il arrive souvent que le stress provienne de la façon dont les membres de la famille interagissent et communiquent. Le fait de réunir la famille pour discuter constitue un bon moyen d'aider ses membres à pousser dans le même sens, d'améliorer la communication et de favoriser de meilleures relations entre les parents et les enfants.

Thérapie de groupe

Ce type de thérapie aide à combattre l'isolement, rappelle aux personnes souffrant de stress qu'elles ne sont pas seules et leur donne l'occasion de s'encourager mutuellement et de discuter de leurs façons de surmonter le stress. Pour ce faire, les gens participent à des discussions de groupe sur une période de quelques semaines ou de quelques mois.

La thérapie, que ce soit par les arts, par le jeu, par la danse, par le mouvement, par le théâtre, par la musique ou par la gymnastique, peut aider les gens à acquérir ou à retrouver des habiletés sociales, ce qui améliore la confiance en soi et l'autonomie. Leur but est de procurer du plaisir, du divertissement, de la stimulation, une plus grande estime de soi et un sentiment de réalisation dans un contexte social.

Quel traitement choisir ?

Le meilleur traitement est celui qui vous aide à aller mieux. Toutes les formes de traitement se sont avérées efficaces pour certaines personnes. Si une méthode ne semble pas donner des résultats après une période raisonnable, essayez-en une autre jusqu'à ce que vous trouviez celle qui soulagera votre stress.

D'autres façons de soulager le stress

Groupes d'entraide

Les groupes d'entraide réunissent des personnes qui vivent le même problème et qui cherchent à s'en sortir. Ce sont de petits groupes auxquels on participe sur une base volontaire, au sein desquels les membres se fournissent mutuellement de l'aide et travaillent de concert en vue d'atteindre leur but. Ces groupes apportent les types d'aide suivants :

- Les personnes souffrant de stress peuvent ressentir de la solitude, de la confusion et de l'isolement. Il leur est utile de parler de leurs problèmes avec d'autres personnes qui vivent la même chose.

- Le soutien se donne sur une base individuelle ou en groupe. Il peut avoir comme objectif d'aider la personne à s'adapter à sa situation ou à prendre des mesures pour changer. Il est offert en période de crise ou à plus long terme.

- Les groupes d'entraide fournissent des informations aidantes qui permettront de traverser les épreuves.

- Les groupes d'aide offrent aussi des services qui répondent à des problèmes particuliers, sur une base ponctuelle (par exemple fournir une gardienne d'enfants) ou plus formelle (service de garde). Ces services sont parfois offerts par des membres du groupe à titre bénévole, parfois par du personnel à salaire. Certains groupes travaillent avec les autorités locales.

- Plusieurs groupes d'entraide considèrent que l'intervention de l'État est insuffisante et constituent par conséquent des groupes de pression afin de réclamer des changements.

Médias, téléphone et Internet

Les journaux, les livres, les magazines, la télévision, la radio et Internet ont comme mandat de divertir, de renseigner et d'éduquer. Bien que la communication se fasse dans un seul sens (aucune interaction), ils représentent d'excellentes sources d'information pratique sur divers thèmes ainsi que des moyens de soulager temporairement le stress en s'évadant de ses inquiétudes.

Le téléphone et Internet procurent un accès confidentiel à un grand nombre d'organismes de conseils psychologiques à l'échelle nationale et internationale. Les centres d'écoute téléphonique ou Internet mettent à votre disposition des bénévoles qualifiés de tous âges et de tous horizons. Leur grande force réside dans leur empressement à vous écouter avec empathie.

Le temps, ce guérisseur

Le traitement le plus négligé est peut-être le temps. Les cas de stress légers s'améliorent habituellement d'eux-mêmes avec le temps, souvent en six à douze semaines. Beaucoup de gens se mettent à aller mieux, peu importe le traitement prescrit. Toutefois, cette amélioration spontanée a plus de chances de se produire :

- lors d'une première manifestation du stress ;

- peu après l'apparition du stress ;

- si le stress est apparu soudainement ;

- lorsque les membres de la famille et les amis apportent un soutien sur les plans pratique et émotif.

POINTS CLÉS

- Les membres de la famille et les amis peuvent vous aider à gérer le stress.

- Si le stress vous inquiète, plus vous réagirez tôt, plus il s'améliorera rapidement.

- Il est possible d'obtenir de l'aide professionnelle sur trois plans : médical, psychologique et social.

- Il faut suivre un traitement pendant une période raisonnable avant de passer à une autre forme de thérapie.

- Les groupes d'entraide et les médias sont une excellente source d'information, de conseils et de soutien pratique.

« Faux amis »

Mauvaises habitudes

Le tabagisme, l'alcoolisme et la consommation de drogues créant une dépendance (parfois même les somnifères, les benzodiazépines et les tranquillisants sur ordonnance, si leur usage n'est pas contrôlé) peuvent aggraver le stress. Ce sont des habitudes nuisibles qu'il faut perdre ou à tout le moins éviter le plus possible. Ces

« faux amis » donnent l'illusion d'un soulagement temporaire, ce qui complique les mécanismes d'autodéfense et l'adaptation.

Les personnes qui souffrent de stress essaient parfois de le gérer, consciemment ou non, en consommant ces substances qui masquent les symptômes ressentis ou supportent la pression.

Alcool

L'alcool consommé avec modération peut apporter du plaisir, mais il a un potentiel d'accoutumance ayant des effets à la fois subtils et complexes. Toute situation stressante qui se prolonge entraîne un risque d'abus d'alcool et même d'alcoolisme, lequel peut détruire des mariages, la vie familiale et sociale, la carrière et la santé (et, bien sûr, la conduite en état d'ébriété est à proscrire en tout temps).

Une unité d'alcool, c'est :

un petit verre de xérès ou de vin fortifié

un verre de vin régulier

225 ml (1 tasse) de cidre ou 112,5 ml (1/2 tasse) de bière blonde allemande forte

une mesure d'un apéritif ou d'un spiritueux

Une bouteille de spiritueux – brandy, whisky ou gin – contient environ 30 unités d'alcool.

Une unité d'alcool se définit comme l'équivalent de 225 ml (1 tasse) de bière blonde allemande ou de cidre moyen, d'une mesure de xérès, de Martini, etc., d'une mesure de spiritueux ou d'un petit verre de vin. La femme moyenne ou l'homme moyen réagit à l'alcool selon le tableau de consommation ci-dessous, les femmes en ressentant les effets à des quantités moindres que les hommes. Toutefois, d'autres facteurs, comme le manque de nourriture, la fatigue et le stress

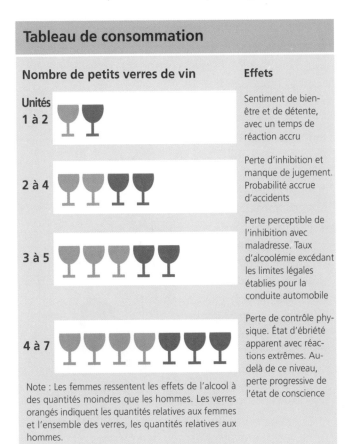

Tableau de consommation

Nombre de petits verres de vin	Effets
Unités **1 à 2**	Sentiment de bien-être et de détente, avec un temps de réaction accru
2 à 4	Perte d'inhibition et manque de jugement. Probabilité accrue d'accidents
3 à 5	Perte perceptible de l'inhibition avec maladresse. Taux d'alcoolémie excédant les limites légales établies pour la conduite automobile
4 à 7	Perte de contrôle physique. État d'ébriété apparent avec réactions extrêmes. Au-delà de ce niveau, perte progressive de l'état de conscience

Note : Les femmes ressentent les effets de l'alcool à des quantités moindres que les hommes. Les verres orangés indiquent les quantités relatives aux femmes et l'ensemble des verres, les quantités relatives aux hommes.

Astuces pour consommer moins d'alcool

Les astuces qui suivent peuvent vous aider à réduire quelque peu votre consommation d'alcool, surtout les premières semaines.

- Réduisez votre consommation globale d'alcool en évitant d'en boire à des moments précis de la journée, par exemple au déjeuner, et faites une autre activité.

- Occupez-vous; planifiez des activités qui vous empêcheront de penser à boire.

- Évitez ce qui vous rappelle l'alcool et, si possible, les endroits où l'on en consomme ou les gens qui ont l'habitude de vous offrir un verre.

- Planifiez une stratégie pour échapper à ces situations lorsqu'elles se présentent.

- Buvez un grand verre de boisson gazeuse pour apaiser votre soif avant de consommer de l'alcool.

- Limitez-vous à une seule boisson alcooli- sée par heure en toute occasion.

- Coupez le vin et les spiritueux de boisson gazeuse afin d'en augmenter le volume et, ce faisant, de ralentir votre consommation d'alcool.

- Évitez de participer aux tournées, si elles risquent de vous faire désobéir aux règles ci-dessus.

peuvent accentuer ces effets, en plus d'une consommation rapide.

Dépendance à l'alcool

Les signes d'une dépendance à l'alcool sont les suivants :

- vous avez conscience de boire de manière compulsive;

- vous avez pris l'habitude de boire de l'alcool sur une base quotidienne;

- prendre un verre devient plus important que vos autres activités;

- votre tolérance à l'alcool change – elle peut augmenter au début, et chuter par la suite;

- vous expérimentez des symptômes de sevrage d'alcool, tels que des nausées, des céphalées (maux de tête), de la nervosité, des tremblements, de la transpiration, de la tension, de l'agitation et les nerfs en boule;

- vous soulagez, voire évitez ces symptômes en buvant davantage;

- les signes de l'accoutumance réapparaissent rapidement après une période de sobriété.

Ces signes ne se manifestent pas nécessairement tous et leur degré d'intensité peut varier d'une personne à une autre.

Consommer de façon modérée

Il est difficile de définir précisément la quantité d'alcool qu'une personne peut boire « sans risques », car elle diffère chez chaque individu. Cela dépend du sexe, de la taille et de la constitution de la personne. En général, les quantités sont moindres chez la femme que chez l'homme.

Quelle est la limite sensée ? Les médecins recommandent aux hommes de ne pas excéder 21 unités d'alcool (telles que décrites précédemment) par semaine, et aux femmes de se limiter à 14 unités d'alcool par semaine (il faut éviter de consommer de l'alcool en cas de grossesse). Dans les deux cas, il convient de répartir les unités d'alcool sur toute la semaine, avec deux ou trois jours sans alcool.

Et quand dépasse-t-on la limite ? Chez l'homme, à 36 unités d'alcool ou plus par semaine et chez la femme, à 22 unités d'alcool ou plus. Il est utile de se rappeler que l'organisme met en moyenne une heure à éliminer une unité d'alcool.

Rappelez-vous que ce que les autres choisissent de boire n'a aucun effet sur votre santé. Essayez de remplacer l'alcool par des boissons non alcoolisées lorsque vous devez prendre un verre.

Un homme qui consomme 8 unités d'alcool ou plus par jour, soit 56 par semaine, ou une femme qui boit plus de 5 unités d'alcool par jour, soit 35 par semaine, est à risque de développer un problème lié à l'alcool.

Il peut être utile de demander le soutien d'un parent ou d'un ami qui vous aidera à résister à l'alcool.

Tabagisme

La raison la plus courante que donnent les fumeurs pour ne pas arrêter de fumer est le stress. Cependant, cesser de fumer, ou certainement moins fumer, devrait venir au premier rang des priorités en regard de la santé. Pourtant, si vous dites à un fumeur que « la cigarette tue », sa première réaction est généralement de s'en allumer une !

L'étape la plus importante pour arrêter de fumer est d'avoir la réelle volonté d'arrêter. Pensez aux bienfaits que vous en retirerez : vivre plus longtemps, être en meilleure santé, avoir plus d'argent à dépenser, avoir bonne haleine, ne pas tousser, avoir des vêtements qui sentent bon, goûter les aliments davantage, ne plus visiter les cours arrière et les coins de rue pour fumer à la pluie et au vent.

Thérapie de remplacement de la nicotine

Après avoir pris la décision d'arrêter de fumer, vous avez déjà parcouru la moitié du chemin. Si vous pensez avoir besoin d'aide, vous pouvez avoir recours à la thérapie de remplacement de la nicotine (TRN), que ce soit sous forme de gomme de nicotine ou de timbres à la nicotine, qu'on colle sur la peau pendant 12 à 24 heures selon le type de timbres utilisés.

Les deux thérapies fonctionnent en permettant à l'organisme de s'ajuster graduellement à des doses plus faibles de nicotine. La gomme de nicotine et les timbres s'achètent en pharmacie. Vérifiez si vous avez besoin d'une ordonnance dans votre région. Le pharmacien pourra vous recommander le produit qui vous convient le mieux.

Il faut toutefois garder à l'esprit que ces thérapies de remplacement sont là pour vous aider, et non pas pour vous guérir.

Pourquoi est-il si difficile d'arrêter de fumer ?

Malheureusement, les raisons qu'on peut avoir d'arrêter de fumer rendent l'action d'arrêter encore plus difficile. D'abord, elles donnent l'impression de sacrifier quelque chose (une bonne amie, un accessoire, un plaisir ou ce que peut représenter la cigarette). Ensuite, elles causent un désagrément – en vous privant de griller une cigarette – qui vous empêche de réfléchir aux véritables motifs qui vous poussent à fumer.

Rappelez-vous qu'avant de commencer à fumer, vous n'en ressentiez pas le besoin. Votre première cigarette a sans doute eu mauvais goût, et il vous a fallu insister pour devenir accoutumé. Le plus curieux est de consta-

Quelques questions pour vous aider à arrêter de fumer

De prime abord, oubliez les « bonnes » raisons d'arrêter de fumer et posez-vous les questions suivantes :

- Que m'apporte le tabagisme ?
- Est-ce que j'aime fumer ?
- Dois-je vraiment payer toute ma vie pour avoir une cigarette dans la bouche et me rendre malade ?

ter qu'il ne semble rien manquer aux non-fumeurs; au contraire, les fumeurs fument pour atteindre le même état de tranquillité que les non-fumeurs.

Alors, pourquoi fumez-vous ? Si vous omettez le stress, l'ennui et tous les autres prétextes que vous vous donnez, il reste deux raisons principales : la dépendance à la nicotine et le lavage de cerveau.

Dépendance à la nicotine

La nicotine est l'une des drogues qui créent le plus rapidement une dépendance chez l'être humain. Sa concentration dans la circulation sanguine chute rapidement de moitié 30 minutes après qu'on a fumé une cigarette et au quart après une heure.

Les malaises dus au sevrage de la nicotine sont si ténus que la plupart des fumeurs ne s'aperçoivent pas qu'ils ont une accoutumance. Par bonheur, il s'agit d'une drogue relativement facile à abandonner une fois qu'on accepte ce fait. On ne ressent pas de douleur, mais plutôt un sentiment de vide, d'agitation, l'impression qu'il manque quelque chose.

Dans le cas d'un sevrage prolongé, les fumeurs présentent des signes de nervosité, d'insécurité, d'agitation, de manque de confiance en soi et d'irritabilité. Quelques secondes après qu'ils allument une cigarette, la nicotine pénètre dans l'organisme et ramène les sentiments de relaxation et de confiance en soi.

Dès que la cigarette est éteinte, toutefois, les signes reprennent. La difficulté réside dans le fait que les fumeurs ressentent de l'inconfort lorsqu'ils ne fument pas, donc ils ne blâment pas la cigarette pour ces malaises. En fumant, ils soulagent ces malaises et voient la cigarette comme une solution.

Par conséquent, les gens fument pour alimenter le « petit monstre », mais ils décident quand ils le font, et c'est surtout dans des situations stressantes, notamment lorsqu'ils veulent se concentrer, lorsqu'ils s'ennuient ou qu'ils veulent se détendre.

Lavage de cerveau

La dépendance à la nicotine n'est pas l'unique problème et il est assez facile de s'en sortir (par exemple, les fumeurs ne se réveillent habituellement pas la nuit en manque de cigarette).

L'autre grande difficulté lorsqu'on veut arrêter de fumer est le « lavage de cerveau ». L'inconscient représente une partie puissante de notre esprit et, malgré de nombreuses campagnes publicitaires incitant les gens à arrêter de fumer, nous sommes inondés de publicités

Six étapes pour arrêter de fumer

Il vous faudra faire preuve d'une grande détermination pour réussir à arrêter de fumer, une fois votre décision prise. Les étapes suivantes peuvent faciliter le processus.

1 Votre décision doit être ferme et vous devez croire que vous pouvez atteindre votre but. Rappelez-vous que les fumeurs ne manquent pas de volonté; seule l'indécision d'arrêter de fumer rend l'action plus difficile.

2 Admettez votre accoutumance à la nicotine, mais dites-vous que le sevrage ne sera pas aussi pénible que vous le pensez. Il suffit de trois semaines pour évacuer 99 % de la nicotine de l'organisme.

3 Visualisez votre liberté à venir. Ne craignez pas de perdre cet accessoire que vous en êtes venu à croire indispensable. Au contraire, le tabagisme est une forme d'esclavage qui vous prive de la paix et de la confiance en soi que vous aviez avant de commencer à fumer.

4 Arrêtez de fumer complètement. Il est impossible de s'en tenir à une seule cigarette. Le tabagisme crée une accoutumance et engendre une réaction en chaîne. Vous vous puniriez inutilement en vous morfondant à propos de cette unique cigarette.

5 Gare aux autres fumeurs – ils peuvent se sentir menacés par votre décision et essayer de vous faire céder. Évitez les endroits, entre autres les bars, qui peuvent vous donner envie de fumer. En outre, l'alcool restreint les inhibitions, réduit la maîtrise de soi et augmente le risque de récidive.

6 Répétez-vous que vous ne perdez rien. Au contraire, vous avez beaucoup à gagner en ne fumant pas.

astucieuses associant tabagisme avec relaxation et confiance en soi, et présentant la cigarette comme un objet des plus précieux. Le pouvoir de ces publicités se trouve amplifié par l'accoutumance à la nicotine, ce qui accentue la peur d'arrêter de fumer.

POINTS CLÉS

- Le tabagisme ainsi que la consommation d'alcool et de drogues ne sont pas des remèdes au stress. Au contraire, ils l'accentuent et le rendent plus difficile à gérer.

- Alors que l'alcool bu avec modération apporte du plaisir, une consommation excessive présente de graves risques pour la santé et le bien-être, que ce soit sur le plan personnel, familial ou du travail.

- La raison la plus courante que donnent les fumeurs pour ne pas arrêter de fumer est le stress.

- La nicotine est l'une des drogues qui créent le plus rapidement une dépendance.

- En plus d'être mauvais pour la santé, le tabagisme coûte cher.

Pilules, potions et traitements parallèles

On observe une dépendance accrue aux pilules, aux médicaments et aux analgésiques de toutes sortes. Nous en sommes presque à croire qu'il faut faire taire chaque malaise, chaque douleur ou chaque inquiétude au moyen d'un traitement quelconque, ce qui renforce

l'idée que le stress sous toutes ses formes est nuisible. Il y a un lien étroit entre une société ouvertement consommatrice de pilules et une société qui inclut un nombre croissant de toxicomanes. Certains types de somnifères et de tranquillisants confirment ce lien par les effets agréables qu'ils induisent chez les personnes vulnérables. Ces sensations peuvent mener à une accoutumance, en plus d'entraîner les complications relatives à l'accoutumance à des médicaments plus puissants. Il peut s'agir de symptômes de sevrage lorsqu'on cesse de prendre le médicament ou du besoin pressant d'avoir une quantité suffisante du médicament sous la main, au cas où.

Beaucoup de gens croient aux bienfaits des traitements parallèles, notamment le yoga, la méditation, l'autorelaxation, le biofeedback, la technique Alexander, l'acupuncture et l'aromathérapie. Les coûts de ces traitements peuvent varier, certains n'occasionnant aucuns frais ou presque alors que d'autres sont très onéreux (voir les pages 116 et 117).

Moyens de défense personnels (réactions inutiles au stress)

L'adaptation au stress est un processus en deux étapes. D'abord, il faut reconnaître que certaines réactions répétées au stress sont inutiles. Ensuite, il faut explorer et faire l'essai de nouvelles stratégies d'adaptation afin d'en trouver de satisfaisantes.

Les travailleurs sociaux et les thérapeutes emploient parfois des termes tels que « déni » et « rationalisation ». Ces mots décrivent la façon dont les gens réagissent au stress. Ce sont des termes techniques rarement utilisés dans la vie de tous les jours. Vous en trouverez une brève définition ci-après.

Rappelez-vous cependant qu'il ne s'agit que d'un aperçu du fonctionnement du psychisme et des façons dont l'humain réagit au stress destiné à vous aider à mieux comprendre ce qui vous arrive.

Compensation : Un comportement qui apparaît afin de masquer un défaut ou un sentiment d'infériorité. Par exemple, s'occuper d'un refuge d'animaux domestiques pour remplacer des relations interpersonnelles inadéquates. La surcompensation survient lorsque la compensation devient extrême.

Conversion : La manifestation corporelle de peurs secrètes. Une personne qui a peur de sortir pourrait développer une faiblesse des jambes.

Déni : Le fait de se persuader que tout va bien alors que ce n'est pas le cas. Ce comportement survient dans l'espoir que le problème se réglera de lui-même, par exemple refuser d'admettre une maladie.

Traitements parallèles

Un grand nombre de traitements parallèles permettent de soulager le stress. Voici une description des traitements les plus accessibles et les plus populaires.

Acupuncture

L'acupuncture est une ancienne technique médicale chinoise pratiquée en vue de soulager la douleur, de guérir les maladies et d'améliorer l'état de santé général. Elle consiste à insérer de petites aiguilles dans des centaines de points situés sur les « méridiens » du corps. Le traitement agit en modifiant le flux d'énergie vitale d'une personne afin d'éliminer la douleur et de rétablir la santé.

Technique Alexander

Cette technique vous enseigne de nouvelles façons d'envisager et d'utiliser votre corps dans le but d'éliminer les effets de mauvaises habitudes inconscientes, notamment la tension et la mauvaise posture, ce qui permet d'améliorer votre bien-être physique et psychologique. Il s'agit davantage d'un mode de vie que d'un traitement.

Aromathérapie

Des huiles essentielles pures (obtenues par distillation à la vapeur d'eau de plantes aromatiques) sont utilisées afin d'atténuer la tension, et d'améliorer la santé et le bien-être psychique. Ces huiles s'appliquent le plus souvent par des massages, mais on s'en sert aussi par inhalation ou dans un bain, seules ou mélangées. Les huiles essentielles peuvent temporairement améliorer l'humeur et alléger le stress.

Autorelaxation

Cette méthode d'autohypnose met l'accent sur le contrôle, par la personne, de ses processus physiologiques à l'aide d'exercices précis. L'autorelaxation met de deux à trois mois à donner des résultats. Des exercices de base apportent un sentiment de bien-être et augmentent la capacité d'adaptation. Certains exercices concernent la respiration, la circulation sanguine et la température de la peau. Il est possible d'atteindre un état de relaxation musculaire profonde.

Biofeedback (rétroaction biologique)

Cette technique consiste à mesurer des processus physiologiques, disons la tension artérielle et la fréquence cardiaque, et à transmettre instantanément l'information à l'aide d'un dispositif électronique, sous la forme d'une mesure, d'un signal lumineux ou d'un signal sonore. Avec le temps, la personne apprend à reconnaître ses réactions physiques et à les contrôler. Cela peut aider à soulager des symptômes comme la douleur et la tension musculaire. Le biofeedback (rétroaction biologique) peut avoir des effets durables s'il est utilisé de pair avec une consultation psychologique qui aide la personne à comprendre ses réactions au stress.

Méditation

La méditation est un amalgame de techniques de concentration et de contemplation, qui peuvent s'avérer efficaces pour contrôler la fréquence cardiaque et la respiration de même que la migraine et l'hypertension artérielle. Des études indiquent que la méditation transcendantale contribue à réduire le stress et l'angoisse, en plus d'accroître la satisfaction et le rendement au travail. On recommande deux séances de méditation de 20 minutes par jour, dans un endroit calme et agréable, pendant lesquelles la personne répète son mantra en silence.

Yoga

Le yoga est très efficace pour se détendre physiquement et mentalement. Il consiste à placer le corps dans différentes postures afin de le remettre en forme. On reconnaît le degré de maîtrise du yoga à la capacité de la personne à maintenir une posture pendant une longue période sans faire de mouvements involontaires ou se laisser distraire. Il se donne beaucoup de cours de yoga mettant l'accent sur les bienfaits physiques et psychiques de cette technique.

Déplacement : Le fait de transférer une émotion de sa cible initiale à une autre. C'est une façon de cacher ou d'éviter des pensées et des attitudes qui rendent mal à l'aise. Par exemple, la colère ressentie envers des collègues de travail peut être transférée sur la famille.

Dissociation : Le fait d'éviter d'analyser son comportement afin d'ignorer toute contradiction entre les pensées et le comportement.

Fixation : Un comportement personnel d'attachement qui correspond aux stades précédant la maturité. La fixation se manifeste chez les adultes qui persistent à dépendre des autres, comme le font les enfants.

Identification : La reproduction consciente ou inconsciente d'aspects ou d'attributs d'une autre personne, qui peut inclure copier sa tenue vestimentaire, ses loisirs, etc. Ce phénomène est souvent normal : les jeunes, par exemple, tendent à imiter les attitudes et le comportement des adultes qu'ils estiment.

Introjection : Le fait de retourner vers soi les sentiments ressentis envers les autres, ce qui engendre à la fois conflit et agressivité. La colère non exprimée envers d'autres membres de la famille peut ainsi mener à un acte autodestructeur.

Inversion : L'exagération des tendances opposées à celles qui sont réprimées (voir ci-après). La « pruderie », une pudeur et une vertu extrêmes, pourrait être une inversion des désirs sexuels réprimés.

Projection : L'opposé de l'introjection. C'est le fait d'attribuer ses propres attitudes aux autres ou à l'environnement. La projection est une autre façon d'éviter de prendre le blâme ou de se sentir coupable. Les lacunes personnelles sont attribuées aux autres personnes ou même à l'environnement.

Rationalisation : Une forme d'illusion par laquelle la personne trouve des raisons socialement acceptables pour justifier une action basée sur des motifs moins valables.

Régression : Un retour en arrière de la pensée, des sentiments ou du comportement correspondant à des stades antérieurs du développement individuel ou social. Dans certains cas, l'adulte peut régresser jusqu'à ses crises de colère infantiles.

Répression : Le fait de repousser hors de la conscience des idées et des impulsions qui ne cadrent pas avec ce que la personne considère comme convenable. La répression est un phénomène inconscient et involontaire, contrairement à la suppression qui est un refus intentionnel d'avoir certaines pensées ou certains sentiments, ou de faire des actions opposées à sa morale.

Résistance : Une barrière entre l'inconscient et le conscient qui empêche la résolution des tensions ou des conflits. Par exemple, une personne pourrait inconsciemment résister à trouver la source de son stress, ce qui perpétue sa condition.

Sublimation : Le fait de faire passer des tendances indésirables ou interdites par des canaux socialement acceptables. Par exemple, les comportements enfantins et complaisants sont sublimés en un comportement altruiste et divertissant lors du passage à la maturité. Un surplus d'énergie peut aussi être sublimé dans des activités utiles.

Transfert : Le fait de reporter les émotions ressenties envers une personne sur une autre. Par exemple, l'enfant qui ressent de l'angoisse et de l'hostilité envers un parent dominateur peut, plus tard dans la vie, avoir ces mêmes sentiments envers les figures d'autorité.

Retrait : L'abandon et la démission, sur les plans physique et émotionnel, en présence d'une situation stressante, caractérisés par une perte d'enthousiasme, une baisse d'intérêt, de l'apathie et de la rêverie.

Les règles d'or

Les règles d'or présentées aux pages 122 et 123 peuvent vous aider à devenir plus calme et détendu. Vous devrez faire des efforts constants pour en soustirer les bienfaits, établir une routine quotidienne et la suivre, bien au-delà de quelques jours. Rappelez-vous de vous amuser : c'est le meilleur remède contre le stress.

Apprenez à vous détendre et à prendre les choses à la légère au moins une heure par jour. Il peut s'agir de prendre un bain, de ne pas vous presser, d'apprécier le positif, de prendre une marche ou de lire un livre intéressant. Toutes ces activités peuvent vous aider à vous échapper des causes de votre stress.

Respirez profondément, comptez jusqu'à dix, puis pensez de nouveau. Vivez une journée à la fois : acceptez une mauvaise journée; demain pourrait être mieux.

Règles d'or pour soulager le stress

Le stress est nuisible à l'excès seulement. Maintenez-le à un niveau acceptable grâce aux astuces suivantes.

- Mettez de l'ordre dans vos priorités. Déterminez ce qui importe le plus dans votre vie.
- Soyez prévoyant et pensez à des façons de surmonter les difficultés.
- Parlez de vos soucis aux membres de votre famille ou à vos amis le plus souvent possible.
- Essayez de développer un réseau social ou un cercle d'amis.
- Faites de l'exercice sur une base régulière.
- Adoptez un mode de vie normal.
- Récompensez-vous de vos actions, vos attitudes et vos pensées positives.
- Apprenez à mieux vous connaître – améliorez vos moyens de défense et corrigez vos points faibles.
- Analysez vos problèmes de façon réaliste et optez pour des solutions appropriées. Au besoin, distrayez-vous au moyen d'une activité agréable; évitez de « tout garder en dedans » ou de passer une nuit blanche à vous torturer.
- Évitez de dramatiser.
- Ne soyez pas trop sévère envers vous-même.
- Consultez un médecin si votre santé vous inquiète.
- Il y a toujours des gens prêts à vous aider, quel que soit le problème. Ne refusez pas leur apport.
- Détendez-vous et faites de courtes pauses durant la journée, chaque jour.
- Apportez de petits changements graduels à votre mode de vie.
- Apprenez à déléguer.

- Réservez-vous des moments de loisir.
- Faites une pause raisonnable lorsque vous prenez vos repas.
- Réservez-vous du temps tous les jours, toutes les semaines
- Écoutez attentivement ceux qui vous entourent.
- Appréciez votre vie, votre famille et vos amis.

POINTS CLÉS

- La dépendance aux pilules ou aux potions peut entraîner d'autres problèmes.

- Beaucoup de gens croient aux bienfaits des traitements parallèles, notamment le yoga.

- Vous pouvez surmonter le stress si vous le comprenez et contrôlez vos réactions.

- Rappelez-vous de suivre les règles d'or pour soulager le stress.

Conclusion

Bien que personne ne puisse, et de toute façon ne doive, éviter le stress, il est possible d'apprendre à le reconnaître et à le gérer. Il ne faut pas laisser le stress vous dominer au point de nuire à votre santé physique et psychique.

Ce petit ouvrage ne prétend pas apporter une solution aux problèmes de chacun étant donné la grande variété des sources de stress et les capacités de chaque personne à s'y adapter. Toutefois, il a été conçu pour vous aider à réfléchir aux stress indésirables qui affectent vos vies, à les reconnaître et à apprendre à les contrôler, seul ou avec le soutien d'autres personnes.

Faire de temps à autre un bilan de soi-même et de sa vie peut être très bénéfique. Il est étonnant de constater à quel point nous révisons peu nos priorités alors que nous pouvons éliminer un grand nombre de sources de stress inutile en faisant ce simple exercice.

Vos pages

Nous avons inclus les pages ci-après en vue de vous aider à gérer votre maladie et son traitement.

Avant de fixer un rendez-vous avec votre médecin de famille, il serait utile de dresser une courte liste des questions que vous voulez poser et des choses que vous ne comprenez pas afin de ne rien oublier.

Certaines des sections peuvent ne pas s'appliquer à votre cas.

Soins de santé : personnes-ressources

Nom :

Titre :

Travail :

Tél. :

Nom :

Titre :

Travail :

Tél. :

Nom :

Titre :

Travail :

Tél. :

Nom :

Titre :

Travail :

Tél. :

Antécédents importants – maladies/opérations/recherches/traitements

Événement	Mois	Année	Âge (alors)

Rendez-vous pour soins de santé

Nom :

Endroit :

Date :

Heure :

Tél. :

Nom :

Endroit :

Date :

Heure :

Tél. :

Nom :

Endroit :

Date :

Heure :

Tél. :

Nom :

Endroit :

Date :

Heure :

Tél. :

Rendez-vous pour soins de santé

Nom :

Endroit :

Date :

Heure :

Tél. :

Nom :

Endroit :

Date :

Heure :

Tél. :

Nom :

Endroit :

Date :

Heure :

Tél. :

Nom :

Endroit :

Date :

Heure :

Tél. :

Médicament(s) actuellement prescrit(s) par votre médecin

Nom du médicament :

Raison :

Dose et fréquence :

Début de l'ordonnance :

Fin de l'ordonnance :

Nom du médicament :

Raison :

Dose et fréquence :

Début de l'ordonnance :

Fin de l'ordonnance :

Nom du médicament :

Raison :

Dose et fréquence :

Début de l'ordonnance :

Fin de l'ordonnance :

Nom du médicament :

Raison :

Dose et fréquence :

Début de l'ordonnance :

Fin de l'ordonnance :

Autres médicaments/suppléments que vous prenez sans une ordonnance de votre médecin

Nom du médicament/traitement :

Raison :

Dose et fréquence :

Début de la prise :

Fin de la prise :

Nom du médicament/traitement :

Raison :

Dose et fréquence :

Début de la prise :

Fin de la prise :

Nom du médicament/traitement :

Raison :

Dose et fréquence :

Début de la prise :

Fin de la prise :

Nom du médicament/traitement :

Raison :

Dose et fréquence :

Début de la prise :

Fin de la prise :

Questions à poser lors des prochains rendez-vous
(Note : N'oubliez pas que le temps que peut vous consacrer votre médecin est limité. Il est donc préférable d'éviter les longues listes de questions.)

Questions à poser lors des prochains rendez-vous

(Note : N'oubliez pas que le temps que peut vous consacrer votre médecin est limité. Il est donc préférable d'éviter les longues listes de questions.)

Notes

Centre universitaire
de santé McGill

McGill University
Health Centre

Centre de ressources McConnell
McConnell Resource Centre

Local B RC.0078, Site Glen
1001 Boul. Decarie, Montréal QC H4A 3J1

Room B RC.0078, Glen Site
1001 Decarie Blvd, Montreal QC H4A 3J1

514-934-1934, #22054
crp-prc@muhc.mcgill.ca